좋은 영화 이야기

류철호

좋은 영화 이야기

저자 류철호
초판 발행 2011년 6월 30일 200부
재판 발행 2011년 12월 30일 700부
3판 발행 2012년 3월 30일 3,000부
4판 발행 2014년 3월 30일 3,000부

5판 1쇄 인쇄 2019년 7월 15일
5판 1쇄 발행 2016년 7월 20일 2,000부

발행인 유정희
발행처 (주)지혜의가람

서울시 강서구 공항대로 65 가길25, 202호
전화: (02) 3665-1236 / 팩시밀리: (02) 3665-1238
E-mail: garamwits@naver.com

등록번호 제 315-2012-000053호
등록일자 2012년 5월 17일

값 12,000원

ISBN 978-89-97860-10-4 03680

좋은
영화 이야기

류철호

지혜의가람

- 차 례 -

다섯 번째 책을 내며

영화를 자주 보니 좋은 영화도 많습니다.

이제,
내가 본 영화 중 참 좋은 영화를 모았습니다.
영화를 모으다 보니, 나의 취향의 폭이 넓지 않아요.
사람마다 취향이 다름을 요사이 더욱 느낍니다.

지금은 영화를 보는 방법이 다양해졌으니,
혹 이 책에 수록된 영화 중 마음에 드시는 영화가 있으면,
감상에 제 책이 도움 되었으면 해요.

삶을 즐기는 여러 방법 중 영화도 큰 몫을 합니다.

2019년 7월

4판 서문

2012년 3월《영화이야기》3판을 3천부 발간하여 여러분과 나누어 보니 이제 책이 없습니다.

그동안 본 영화 중 나의 평점이 8점 이상만 모아서 묶어 보았습니다.

이유는 7점 이하는 남에게 권하고 싶지 않습니다.

이제까지 네이버 평점을 준 영화도 300편이 넘었습니다.

네이버 평점도 예전에 40자 이내였지만 지금은 140자까지 쓸 수 있습니다.

본 영화를 기록하다 보니 700편 가까이 됩니다.

이 책에 수록되지 않은 영화평은 나의 블로그에 있습니다.

장거리 비행 중이나 해외현장에서 근무 중 좋은 영화를 보세요.

훌륭한 영화는 삶을 보람되고 여유롭게 합니다.

2014년 3월

3판 서문

2006년 쉬게 되어 낙원동의 시네마테크에서 옛날 영화를 많이 보았다.

2007년부터는 신작을 개봉관에서 본격적으로 보기 시작했다.

보고 난 느낌을 친구들과 나누고 싶어 동창회 누리집에 간단한 평을 올리기 시작했다.

모으니 150편 가까이 된다.

네이버 영화평에도 40자 이내로 평점을 주었다.

책으로 묶으니 내가 평점 10점을 준 영화는 꼭 보겠다는 친구들의 칭찬도 있었다.

또 장거리 비행 중 볼 만한 영화 안내서로 쓰일 수 있겠다는 분도 있어 좋았다.

해외현장에서의 여유시간을 활용할 때 그래도 시간의 값을 해 줄 영화를 고르는 데 이 책이 도움이 되면 더 이상 바랄 것이 없겠다.

남에 대한 평이 인색한 편이다. 부록에 8점, 9점, 10점 영화목록으로 정리하였다.

8점 이상이면 좋은 영화다.

좋은 영화를 보면, 삶은 즐겁다.

2012년 3월 8일

재판 서문

내가 영화를 좋아하게 된 동기는 초등학교 때 할머니가 운영하시던 학원 옆 돈암동 동도극장에서 〈유관순〉 영화를 본 것과, 길음동 정릉천변 극장에서 서부영화를 본 것이 단초가 된 것 같다.

경기중학교에서는 단성사와 중앙극장에서 상영하던 영화를 학교에서 많이 보여주었다. 극장에서 본 영화로는 70mm 〈벤허〉와 〈남태평양〉이 정말 인상에 남았다. 당시 〈벤허〉를 상영한 지금의 충무로역 옆 대한극장 부근은 극장 하나만 있을 정도로 황량했던 것 같다. 6·25전쟁으로 인한 파괴가 철저했기 때문일 것이다. 고등학교에서는 영화를 못 봤고, 대학교에 들어가서 본 영화 중에는 프랑스 영화 〈남과 여〉가 기억에 남고, 〈내일을 향해 쏴라〉가 참 좋았다.

2004년 자유인이 된 후 본격적으로 영화를 보게 되었다. 옛날 영화를 상영하는 낙원동 할리우드 극장도 알게 되었다. 극장을 출입할 때 낙원동 주변의 환경은 꼭 개선되어야만 한다는 생각이 들었다. 관계 당국자들의 관심이 요구된다.

2004년 여름 관악산을 등반한 후 과천에서 탄 지하철에서 어느 학생이 읽던 책 《위대한 영화》가 영화 구경에 좋은 지침이 되었다. Thumps Up or Down이라는 용어를 만들어 낸 미국의 평론가 Roger Ebert의 《The Great Movies》 1, 2권도 좋다.

언젠가 유인촌 전 문화체육관광부 장관에게 우리도 제대로 된 cinematheque를 운영하자고 제안했으나 아직 진전이 없나 보다.

2007년 이후 자유인이 되어 영화를 본 기록들을 모으니까 500편 가까이 되었다. 네이버 영화에 내 나름대로 영화평을 했고, 또 간단간단한 영화평을 동창회보라든가 회사 사장 누리집에 올렸다. 이것들을 모아서 《류철호의 영화이야기》라는 책을 만들었다. 칭찬하는 사람들도 있어서 좋았다. 원래 비매품으로 만들었는데 판매해도 괜찮겠다는 극상의 찬사를 받았는데 참 고맙다.

친지들의 할애 요청으로 이번에 내용을 보완 2판을 발간하게 되었다.

언젠가 1,000편을 보게 되면 《류철호의 영화이야기 1,000》을 다시 한번 발행하고 싶다. 본 영화 이야기가 영화를 좋아하는 동호인들에게 참고가 되었으면 더 없는 기쁨이겠다.

2011년 12월

류 철 호

10점 영화

2019. 5. 3

안도 타다오

Tadao Ando - Samurai Architect

감독 | 미즈노 시게노리
출연 | 안도 타다오
개봉 | 2016 일본

우리도 이런 위대한 건축가가 있으면 좋지요.

나는 이 분의 작품을 제주도와 나오시마(直島)에서 봤어요.
콘크리트 구조물이 마치 토치카 같은 인상이어서 좀 그랬는데,
그의 빛에 대한 인식을 알게 되니 이해가 되네요.
원주의 뮤지엄 산도 보고, 오사카의 벚꽃 길과 시바 박물관도 봐야 되겠어요.

일본인 기능인의 자부심이 대단해요.
나도 나의 직업에 이런 자부심을 가지고 싶어요.

- 줄거리 -

전문적인 건축교육을 받지 못했지만, 타고난 예술성과 도전정신으로 실력을 인정받은 안도 타다오.

고교시절엔 복서로, 청년시절엔 건축 현장에서 치열한 나날을 보냈던 그는 우연히 서점에서 설계도면을 본 후, 건축가의 꿈을 안고 유럽으로 향한다.

현장에서 익힌 건축지식을 기반으로 콘크리트를 연구한 끝에 누구도 만들 수 없는 건축물을 만들며 노출 콘크리트의 거장이 된 그의 이야기가 시작된다!

바이스

Vice

감독 | 아담 맥케이
출연 | 크리스찬 베일, 에이미 아담스, 스티브 카렐
개봉 | 2018 미국, 영국, 스페인

미국의 힘이 얼마나 억지이고, 센지 알게 되네요.

실화라고 하네요.
이 영화대로 부시 대통령이 이렇게 얼간이인지는 모르겠어요.
이라크전은 해리 버튼을 주축으로 한 미국 석유회사가 도발했다네요.
예전《타임》에세이에서 읽은 "체니의 심장병 때문에 부시가 재선되었지만, 레임덕일 수도 있다"는 글이 기억나요.
미국 대통령의 재선 후 가장 큰 일은 부통령을 차기 대통령으로 만드는 작업인데, 체니는 심장병으로 안 되어서 권력을 행사하기 힘들다는 설이었습니다.
반면에 희망이 없으니, 제멋대로 할 수도 있다고도 보았어요. 어찌 보면 제멋대로 하였네요.
영화에서는 가족에 대한 지극한 사랑 때문이네요. 부인을 잘 만나야 출세하네요. 우리는 부인 덕에 잘린 분도 있지만.

브래드 피트도 영화 잘 만드네요.
영화는 끝까지 보아야 합니다. 많은 관객이 미리 나가서, 재미있는 끝부분을 못 보네요. 마침 옆 좌석의 고등학생은 같이 앉아서 끝 장면을 즐겼어요.

- 줄거리 -
대기업의 CEO에서 펜타곤 수장을 거쳐 미국 부통령까지 오른 딕 체니(크리스찬 베일). 재임 시절, 보이지 않는 이면에서 그가 내린 결정들은 세계의 흐름을 바꿔 놓았고, 뒤바뀐 역사는 다시는 회복될 수 없는 시간에 묻혀 버렸다. 이제 그가 바꾼 글로벌한 역사의 변곡점들을 추적한다.

2019. 3. 29

루스 베이더 긴즈버그: 나는 반대한다

RBG

감독 | 벳시 웨스트, 줄리 코헨
출연 | 루스 베이더 긴즈버그
개봉 | 2018 미국

미국의 대법원과 의회는 존경받을만해요.

이 영화를 보니, 우리가 얼마나 못난 나라인지를 알게 되네요.

더욱이 요사이 벌어지는 청문회와 법원의 행태를 보면 절망하게 되지요.

미국의 여성차별이 이렇게 심한 줄 처음 알았어요.
우리는 선거권부터 그저 주어진 거 같아요.

- 줄거리 -
60살에 미연방 대법관이 된 루스 베이더 긴즈버그.

하버드 로스쿨에서부터 모두가 인정하는 뛰어난 재원이었지만 그녀의 삶은 차별에 맞선 일대기였다.

법을 통해 불평등한 세상을 반대로 바꾸며 시대의 아이콘이 된 그녀의 감동 스토리가 시작된다.

2019. 3. 16

라스트 미션

The Mule

감독 | 클린트 이스트우드
출연 | 클린트 이스트우드, 타이사 파미가,
브래들리 쿠퍼
개봉 | 2018 미국

가족이 제일 중요하고, 돈도 있으면 좋고…
이 감독이 영화를 더 만들면 너무 행복하지요.

이 감독의 영화 거의 다 보았지요. 그리고 우디 앨런 씨 영화도요.

내 나이 70이라는 생각이 부끄러워요. 우리 마지막이라는 단어 너무 남발하지요. 나는 끝이라는 단어를 선호.

제목을 좀더 잘 번역할 수 없나요.

산도발(Arturo Sandoval)의 엔딩 크레딧 음악이 마음에 스며드는데,
듣는 사람은 나 하나뿐이네요. 이 분 트럼펫 판 하나 살래요.

- 줄거리 -

90세 거장이 연기하는 87세 마약 운반원의 실화
그 인생의 처음이자 마지막….
평생 가족에게 잘못만 저질렀던 가장의 후회
자신의 잘못을 되돌리기 위한 마지막 선택
새로운 인생이 그를 기다리는데….

2019. 1. 17

쿠르스크
Krusk

감독 | 토마스 빈터베르그
출연 | 마티아스 쇼에나에츠, 콜린 퍼스,
레아 세이두
개봉 | 2018 벨기에 프랑스

끝 장면에서 눈물을 흘렸어요.

나라는 장비를 팔아먹고, 신병은 훈련을 제대로 못 받고, 지도부는 우유부단하고, 최고위층은 거짓말을 하고, 국가 지도자는 국민의 생명보다 자기의 위신이 더 귀하고.
내 생각에는 마치 지금 동아시아의 어느 나라 행태하고 비슷하네요.

인간의 존엄성을 생각하면서 보세요.

이 감독의 〈The Hunt〉도 수작. (91쪽 참조)

- 줄거리 -
평범한 토요일 아침, 해군 대위 미하일(마티아스 쇼에나에츠)은 핵잠수함 쿠르스크에 승선한다. 출항 직후 예기치 못한 폭발로 잠수함이 침몰하고, 두 번째 폭발로 쿠르스크 선체에 큰 구멍이 뚫린다.

그 시각 남편의 소식을 들은 미하일의 아내 타냐(레아 세이두)는 그의 생사를 확인하려 하지만 아무 소식도 들을 수 없고. 러시아 정부는 영국군 준장 데이빗(콜린 퍼스)의 구조 지원도 마다한 채 시간만 보내는데…

두 번의 폭발과 침몰한 잠수함. 118명 중 확인된 생존자는 단 23명.

그들은 끝까지 믿음을 잃지 않았다.

2018. 12. 23

보헤미안 랩소디

Bohemian Rhapsody

감독 | 브라이언 싱어
출연 | 라미 말렉, 루시 보인턴, 귈림 리, 벤 하디, 조셉 마젤로
개봉 | 2018 미국, 영국

다시 한 번 더 보고 싶은 영화.
음악 영화가 아니고 문화의 충격을 전하는 영화.
평론가들이 6점인데 못난 아이들….

나는 이들의 음악을 들은 적이 없어요. 음악 영화라는데, 이게 어찌 음악 영화입니까?
소수자들을 우리는 배려해야 해요. 소수자인 척하는 억지의 못난 사람들이 아니고, 진정한 소수자들을요. 다시 한번 보려 해요.

가사들이 나의 젊은 날들의 좌절을 아프게 되살리네요.

- 줄거리 -
공항 수하물 노동자로 일하며 음악의 꿈을 키우던 이민자 출신의 아웃사이더 파록 버사라, 보컬을 구하던 로컬 밴드에 들어가게 되면서 프레디 머큐리라는 이름으로 밴드 퀸을 이끌게 된다.
시대를 앞서가는 독창적인 음악과 화려한 퍼포먼스로 관중들을 사로잡으며 성장하던 퀸은 라디오와 방송에서 외면을 받을 것이라는 음반사의 반대에도 불구하고 무려 6분 동안 이어지는 실험적인 곡 보헤미안 랩소디로 대성공을 거두며 월드 스타 반열에 오른다.
세상에서 소외된 아웃사이더에서 전설의 록밴드 퀸이 되기까지, 우리가 몰랐던 그들의 진짜 이야기가 시작된다!

2018. 12. 10

헌터 킬러
Hunter Killer

감독 | 도노반 마시
출연 | 제라드 버틀러, 게리 올드만
개봉 | 2018 미국

결론은 알지만, 긴박감을 이렇게 잘 유지하는 영화는 드물어요.
엉뚱한 발상을 하는 사람이 세상을 비극으로 몰고 가는 상황이,
우리 북쪽의 핵무기와 아주 흡사해요.

미국과 소련의 갈등이 이제는 해소된 것으로 아는데,
엉뚱한 사람이 나오면 비극이 초래될 수도 있네요.

미국 영화는 실감이 나요.
우리 영화는 가끔 왜곡을 너무 심하게 하니….
최근 상영한 〈국가부도의 날〉은 제작 의도를 모르겠어요.

- 줄거리 -
미 국방부는 격침당한 잠수함의 행방을 찾기 위해 세계 최강의 공격 잠수함 헌터 킬러를 극비리에 투입 시키고, 캡틴 글래스(제라드 버틀러)는 배후에 숨겨진 음모가 있음을 알게 된다.

한편, 지상에서는 VIP가 납치되어 전 세계는 초긴장 상태에 놓이게 되는데… 일촉즉발 위기상황, VIP를 구출하라! 단 한 척의 공격 잠수함 헌터 킬러와 최정예 특수부대 네이비 씰의 숨 막히는 육해공 합동 작전이 펼쳐진다.

2018. 6. 30

시카리오: 데이 오브 솔다도

Sicario: Day of the Soldado

감독 | 스테파노 솔리마
출연 | 베니시오 델 토로, 조슈 브롤린, 이사벨라 모너
개봉 | 2018 미국

활극 형식을 빌려서, 지금의 세계정세를 논하고.

이 영화를 보니, 트럼프 씨의 멕시코 국경장벽 정책이 이해되고,
또 제주도 예멘인에 대한 일부의 부정적 시선도 일리가 있네요.

남미의 콜롬비아는 달러 암시장이 공정 환율보다 값이 싸대요.
이유는 마약 거래 달러가 넘쳐서라네요. 그 마약보다도 밀입국자 운반이 돈이 더 되고. 테러 후는 국경 단속이 심하니, 마약값이 뛴다는 설정이 이해돼요. 활극으로 설정되었지만, 지금의 국제 정세를 상당히 의미 있게 설정했어요.

제작사 Lionsgate 영화 잘 만들고, 속편 또 만든대요.

사족 : 이 영화에서 멕시코시티 고층빌딩 지역이 나와요. 번영하는 모습입니다.
언젠가 들은 한 공직자의 이야기,
OECD 35국 중 우리나라와 멕시코 나쁜 통계에서는 같이 있답니다.
이번 World Cup에서는 멕시코가 우리를 대접하네요.

2018. 6. 23

아일라

Ayla: The Daughter of War

감독 | 잔 울카이
출연 | 김설, 이스마일 하지오글루
개봉 | 2017 대한민국, 터키

우리 참 신세 진 나라와 분들이 많아요. 이제는 은혜를 좀 갚아야 돼요.

6·25 동란 때 나는 만 두 살이었네요.
김일성 도당은 민족사의 영원한 역도.
터키에 무언가를 기여해야 한다는 의무감이 생기네요.

- 줄거리 -

1950년 한국전쟁에 파병된 슐레이만은 칠흑 같은 어둠 속 홀로 남겨진 5살 소녀를 발견한다. 전쟁과 부모를 잃은 충격 속에 말을 잃은 소녀. 슐레이만은 소녀에게 터키어로 '달'이라는 뜻의 아일라라는 이름을 지어주고 함께 부대로 향한다.

서로에게 무엇과도 바꿀 수 없는 가장 소중한 존재가 된 두 사람.

그러나 행복도 잠시, 슐레이만은 종전과 함께 고국으로 돌아가라는 명령을 받게 되고, 아일라를 끝까지 지켜내기 위해 모두의 반대 속에 자신의 선택을 감행하게 되는데….

전 세계를 감동시킨 위대한 이야기가 찾아온다!

2018. 5. 19

메트오페라

토스카

Tosca

지휘 | 엠마뉴엘 빌라움
연출 | 데이비드 벡비카 경
출연 | 소냐 욘체바, 비토리오 그리골로,
브린 터펠 경
개봉 | 2018 미국

여러 번 본 토스카 중 최고. 가수들의 연기도 극상. 무대 장치도 장엄.

아리아마다 박수.
공연이 끝나니, 모두 일어나서 박수.

메가박스에서만 상영하니, 네이버에는 소개가 거의 안 돼요.

- 줄거리 -
비극적 사랑을 그린 푸치니 오페라 〈토스카〉의 공연실황 영상.

유니텔 필름오페라 기획전

라 트라비아타

La Traviata

감독 | 프란코 제피렐리
출연 | 테레사 스트라타스, 플라시도 도밍고
개봉 | 1981 이탈리아

전설이 된 영화판 오페라. 실제 공연과는 다른 맛이 있어요.

분당 메가박스에서 보았어요. 이제 조금 음악이 귀에 들어와요.
이 오페라 많은 여자들의 누선을 자극했을 거예요.

영화 시작 전에 10분 광고는, 돈도 많이 받는데 안 하면 좋겠어요.

- 줄거리 -

사교계의 스타 비올레타를 본 알프레도는 첫눈에 사랑에 빠진다.

비올레타는 순수한 알프레도의 끈질긴 구애에 동거를 시작한다. 알프레도가 잠시 집을 비운 사이 그의 부친 조르지오 제르몽이 비올레타를 찾아와 알프레도와 헤어져 달라고 부탁한다. 비올레타는 그의 말에 따르고 알프레도는 버림받았다고 오해한다. 알프레도가 진실을 알게 된 후 비올레타를 찾아갔을 땐 그녀는 이미 병으로 죽어가고 있었다.

이들은 지난날의 아름다웠던 시절을 추억하고 비올레타는 그의 품 속에서 숨을 거둔다.

2018. 3. 7

메트오페라
노르마
Norma

지휘 | 카를로 리치
연출 | 데이비드 멕비카 경
출연 | 손드라 라드바노프스키, 조이스 디도나토, 조셉 칼레야, 메튜 로즈
개봉 | 2018 미국

메트로폴리탄 오페라라 웅대하고요. 2018년 첫 상영작.

오페라 중에서 이 오페라는 이야기 구성이 제대로고요.

식민지 시대의 피지배 민족의 여성이 겪을 수 있는 이야기.
요사이 '미투'하고도 미묘하게 겹치는 부분이 있어요.

제대로 된 해설은 메가박스 해설에서 보세요.

- 줄거리 -
고대 로마 공화정 말기, 갈리아의 여 대사제 노르마와 로마 총독 폴리오네, 여신도 아달지자의 사랑과 희생을 그린 벨칸토 오페라 최고의 작곡가인 벨리니(Vincenzo Bellini, 1801~1835)의 오페라 공연실황 영상.

더 포스트
The Post

감독 | 스티븐 스필버그
출연 | 메릴 스트립, 톰 행크스
개봉 | 2017 미국

미국의 영화인들은 미국이 위대한 나라인 이유를 잘 보여줍니다.
우리 영화인들은 우리나라가 허접한 나라라고 광고합니다.
소위 진보 문화계는 앞으로는 정의의 사도고, 뒤로는 인간지말종인 경우도 있습니다. 심지어는 신부도. 법에 의한 통치가 그립습니다.

평점 140자를 거의 채운 평을 했습니다.
미국 최고의 팀이 왜 미국이 세계를 지배하는지를 보여주고 싶었나 봐요.
그리고 '너희들은 우리를 따라오는 건 꿈도 꾸지 마라'고.
대법원의 존재 이유가 분명합니다. 여론에 휘둘리는 재판부가 있어야 할 이유가 나변(那邊)에 있는지 모르겠어요.
작금의 한국 사태와 대비됩니다.
우리 소위 언론과 영화에 종사하는 지식인이라고 자부하는 분들 보세요.
한창 민주화 운동이 치열할 때, 모 대학 여학생들이 남자대학 학생회장들한테 면도날을 보냈다는 일화가 요사이 문득 생각납니다.

- 줄거리 -
1971년, 〈뉴욕 타임즈〉의 '펜타곤 페이퍼' 특종 보도로 미 전역이 발칵 뒤집힌다. 트루먼, 아이젠하워, 케네디, 존슨에 이르는 네 명의 대통령이 30년간 감춰온 베트남 전쟁의 비밀이 알려지자 정부는 관련 보도를 금지시키고, 경쟁지 〈워싱턴 포스트〉의 편집장 벤(톰 행크스)은 베트남 전쟁의 진실이 담긴 정부기밀문서 '펜타곤 페이퍼' 입수에 사활을 건다. 1분 1초의 사활을 건 특종 경쟁 속, 세상을 뒤흔든 위대한 보도가 시작된다!

올 더 머니

All the Money in the World

감독 | 리들리 스콧
출연 | 마크 월버그, 미셸 윌리엄스,
크리스토퍼 플러머
개봉 | 2017 미국

돈에 대한 생각은 사람마다 다릅니다. 남의 생각을 경멸하지는 마세요.

흥미진진, 끝까지 결말을 모르고.

"있는 사람이 더하다"라는 말을 나는 싫어해요.
이유는 없는 사람들이 이런 말을 많이 하기 때문입니다.
부는 그저 하늘에서 내려오는 것이 아닙니다.

나는 게티미술관에 가보았어요. 볼 만해요.

- 줄거리 -

석유 사업으로 세계 최고의 부자가 된 J. 폴 게티의 손자가 유괴되는 사건이 발생한다. 유괴범이 요구한 몸값은 1,700만 달러(186억 원). 전 세계가 게티 3세의 역대급 몸값 협상에 주목하는 가운데, J. 폴 게티는 단 한 푼도 줄 수 없다고 선언하는데….

그의 며느리 게일은 아들을 구하기 위해 전직 CIA요원 플레처와 함께 협상에 나서고.

세상을 떠들썩하게 한 몸값 협상의 비밀이 밝혀진다!

2018. 1. 27

다키스트 아워
Darkest Hour

감독 | 조 라이트
출연 | 릴리 제임스, 게리 올드만, 벤 멘델슨,
크리스틴 스콧 토마스, 스티븐 딜레인
개봉 | 2017 영국

괴물 같은 처칠이 전쟁 초기에 승리에 대한 확신으로 영국을 구하고,
우리 대통령이 보면 좋겠고요.

추운 날 종영이 가까워져서 서울극장에서 1시에 봄.

이런 영화에 관객이 없으니, 우리의 수준이 의심스럽고.
이상한 영화 모여서 보고 찔찔 짜지 말고.
이런 영화 보고 국민의 안위를 생각하는 지도자가 있으면 좋겠어요.

북핵은 언제 해결되고, 김정은은 언제 권좌에서 쫓겨나나요?

네이버에 처음 올릴 때는 줄거리가 없었고요,
2018년 2월 13일 〈조선일보〉에 나의 평과 비슷한 기사가 한 면.
이제야 이 영화의 의미를 아네요.

2017. 11. 12

채비

The Preparation

감독 | 조영준
출연 | 고두심, 김성균, 유선
개봉 | 2017 대한민국

참, 눈물이 많이 흘러요. 우리 이제 이런 영화도 만들어요.
한국 영화의 지평을 넓힌 명작.

영화 시작 후 내가 얼마 동안 이 영화를 볼 수 있을까?
마음이 무거웠습니다.
눈물이 저절로 흐르고요, 그래도 끝까지 보았습니다.
수능이 끝났으니 우리 젊은이들이 많이 보고, 어려운 환경에서 마음 아프신 분들을 격려하면 좋겠어요.

국민배우 고두심의 역작.

오랜만에 영화다운 영화를 만든 한국 영화계가 반갑습니다.

- 줄거리 -

발달장애로 일곱 살 같은 서른 살 아들 인규를 24시간 특별 케어하느라 어느새 30년 프로 잔소리꾼이 된 엄마 애순 씨는 앞으로 아들과 함께 할 시간이 많지 않음을 알게 된다.

자신이 떠난 후 남겨질 아들을 생각하니 또다시 걱정만 한 가득인 애순 씨는 세상과 어울리며 홀로 살아갈 인규를 위한 그녀만의 특별한 체크 리스트를 작성하고, 잠시 소원했던 첫째 딸 문경과 동네 사람들의 도움을 받으며 빈칸을 하나씩 채워나가기 시작하는데….

로마여 영원하라

Massacre In Rome

감독 | 조지 P. 코스마토스
출연 | 리차드 버튼, 마르첼로 마스트로얀니,
델리아 보카르도, 레오 맥켄
개봉 | 1973 이탈리아, 프랑스

전쟁에서의 윤리를 잘 다루고,
국가의 폭력 앞에서 침묵하는 가식적인 양심을 처절하게 고발하고.
전쟁은 인류에 대한 죄악. 이러러 만행을 동족한테 자행하고, 또 다시 하려는 집단과 같이 지내네요.
우리 정신 차려야 해요. 망국이 남의 나라 일이 아닙니다.

제목이 '로마 학살'이어야 됩니다.

명절날 안산의 명화극장에서 좋은 영화 보았습니다. 해설하는 분의 성의도 대단.

헤이그 조약이 보복을 정당하다고 인정했다는 사실을 처음 알았습니다.

버튼, 역시 대단한 배우.

남한산성 南漢山城

The Fortress

감독 | 황동혁
출연 | 이병헌, 김윤석, 박해일, 고 수, 박희순, 조우진
개봉 | 2017 대한민국

왜란, 호란, 망국, 내전을 겪은 공통점은 지도층이 말만 앞세우고, 명분만을 고집한 덕입니다.
이제는 더 이상 역사의 죄인이 안 나와야 할 엄정한 때입니다.

하종호 학형 덕에, 신한은행이 주최한 상영을 봄.
제작비가 150억이라는데, 전투 장면은 줄여도 되었을 듯.

음악은 역시 대단한 분(사카모토 류이치)이 하여서 웅장하고.

한국 영화의 한 획을 그은 영화입니다. 관람을 권합니다.

끝부분 김상헌의 자진은 이해할 수 없는 왜곡.

- 줄거리 -

1636년 인조 14년 병자호란. 청의 대군이 공격해오자 임금과 조정은 적을 피해 남한산성으로 숨어든다. 추위와 굶주림, 절대적인 군사적 열세 속 청군에 완전히 포위된 상황, 대신들의 의견 또한 첨예하게 맞선다. 순간의 치욕을 견디고 나라와 백성을 지켜야 한다는 이조판서 최명길(이병헌)과 청의 치욕스러운 공격에 끝까지 맞서 싸워 대의를 지켜야 한다는 예조판서 김상헌(김윤석). 그 사이에서 인조(박해일)의 번민은 깊어지고, 청의 무리한 요구와 압박은 더욱 거세지는데….

메트오페라
라 트라비아타
La Traviata

연출 | 윌리 데커
출연 | 소냐 욘체바, 마이클 파비아노, 토마스 햄슨
개봉 | 2017 이탈리아, 미국

Met Opera 공연 중 친절하게 연출의 의도를 자세히 설명.

이 오페라가 왜 인기인지를 알게 되네요.
자주 보니 이제 귀가 조금 열려요.

그리고 원형 시계의 무대장치로서의 역할에 대한 자세한 설명이 명쾌해요.

분당 메가박스 토요일은 매진이어서, 화요일 저녁 상영을 보았어요.

- 줄거리 -
베르디의 오페라 '라 트라비아타' 공연 실황 영상.

덩케르크
Dunkirk

감독 | 크리스토퍼 놀란
출연 | 핀 화이트헤드, 마크 라이런스, 톰 하디,
킬리언 머피, 케네스 브래너, 해리 스타일스
개봉 | 2017 영국, 프랑스, 미국

나라는 훌륭한 지도자와 국민의 의지가 있어야 지켜집니다.
우리, 병역의무를 이행 안 한 사람들이 공직을 차지하려는 부끄러운 나라입니다.

이 철수 작전, 2차 세계대전의 전기(轉機)일 수 있다지요.
히틀러의 판단이 잘못되어 전쟁의 흐름을 바꾸었다고도 이야기돼요.

공군은 뭘 했나?
1940년 가을, Battle of England에서 영국을 지켜냅니다.

관심 있는 분들은 제대로 된 2차 세계대전사 읽어보세요.
나는 키건(John Keegan)의 책 《The Second World War》를 권합니다.

아카데미상 몇 개 받을까요?

2017. 6. 11

2017 유니텔 클래시카 오페라 기획전 공연실황

탄호이저

Tannhaeuser

원작 | 리하르트 바그너
감독 | 다니엘 바렌보임
출연 | 페터 자이페르트, 페터 존
개봉 | 2014 독일

당분간 이 이상의 공연은 안 나올 듯.

무대 장치가 이래도 되나 할 정도로 단순.
조명도 신의 은총이 내리는 듯.

무용은 대담한 맨살의 향연

사랑은 순결해야만 하는지요?
1막의 원의 상징이 대담하고,
가사 구절구절이 의미가 중복되고요.

- 줄거리 -

음유시인이자 기사인 탄호이저는 튀링겐의 영주 헤르만의 조카딸인 엘리자베트와 사랑의 서약을 한 사이였지만 관능과 미의 여신 베누스에게 빠져 한동안 쾌락에 젖어 있었다.

환락의 세계에 회의를 느낀 탄호이저는 영주에게로 돌아오지만 용서받지 못하고 순례의 길을 떠난다. 돌아오는 순례자의 행렬 안에 탄호이저의 모습이 보이지 않자 엘리자베트는 절망하여 죽는다.

그 소식을 들은 탄호이저는 그녀에게 용서를 빌며 그 자리에 쓰러져 숨을 거두고 그제서야 그는 구원받는다.

2017 잘츠부르크 부활절 페스티벌 공연실황

발퀴레

Die Walküre

원작 | 리하르트 바그너
감독 | 크리스티안 틸레만
출연 | 페터 자이페르트, 비탈리 코발료프,
안야 하르테로스
개봉 | 2017

대작(大作). 하지만 독일인을 위한 극 같아요.
다른 문화 사람들의 정신세계로는 이해가 힘드네요.
특히 신이 별로 중요하지 않은 사람들은 이해가 어려워요.
무대 기술은 우리로서는 족탈불급.

박종호 씨의 해설서를 두 번 읽고 보는 데도 이해가 힘들어요.

바그너 대단.

- 줄거리 -

어렸을 적 헤어졌던 쌍둥이 남매인 지그문트와 지글린데가 우연한 계기로 만나며 극이 시작된다. 이들은 신들의 제왕 보탄이 인간과의 사이에서 낳은 쌍둥이 남매인데 둘은 이 사실을 모른 채 함께 길을 떠난다. 보탄과의 사이에서 통칭 발퀴레로 불리는 9명의 딸을 낳은 프리카는 보탄에게 숨겨진 아들, 지그문트가 있다는 사실에 분노한다. 그녀를 달래기 위해 보탄은 가장 사랑하는 딸 브륀힐데에게 지그문트를 죽이라고 지시하지만 그녀는 이에 불복한다. 결국 보탄은 지그문트를 죽음에 이르게 하지만 브륀힐데가 가까스로 피신시킨 지글린데는 이미 지그문트의 아이를 임신 중이다. 보탄은 자신의 지시에 불복한 대가로 브륀힐데의 능력을 박탈하고 사슬에 묶어 영원한 불길 속에 가둔다.

2017. 4. 22

파운더

The Founder

감독 | 존 리 행콕
출연 | 마이클 키튼, 닉 오퍼맨, 존 캐럴 린치
개봉 | 2016 미국

장사의 비정함과 사기성을 적나라하게 표현.
그러나 세계를 제패한 사람.
장사, 그리고 계약에서의 '말'은 말짱 도루묵!

나는 실화를 좋아합니다.
미국의 맥도날드와 스타벅스가 세계의 입맛을 지배하는 것이 우연은 아닙니다.
맥도날드 가게 지날 때마다 이 영화 생각나겠어요.

훌륭한 경영 수업.

- 줄거리 -
1954년 미국. 52세의 한물 간 세일즈맨 레이(마이클 키튼)는 밀크셰이크 믹서기를 팔며 전국을 돌아다니던 중 캘리포니아에서 맥도날드라는 식당을 발견한다. 주문한 지 30초 만에 햄버거가 나오는 혁신적인 스피드 시스템과 식당으로 몰려드는 엄청난 인파, 그리고 강렬한 '황금아치'에 매료된 레이는 며칠 뒤 맥도날드 형제를 찾아가 그들의 이름을 건 프랜차이즈를 제안한다. 오랜 설득 끝에 계약을 체결하지만, 공격적인 사업가 레이와 원칙주의자 맥도날드 형제는 사사건건 갈등을 빚는다. 답답함을 느낀 레이는 맥도날드 형제의 의견을 무시한 채 사업을 확장하기 시작하는데….

랜드 오브 마인

Land of Mine

감독 | 마틴 잔드블리엣
출연 | 로랜드 몰러, 미켈 폴스라르, 루이스 호프만
개봉 | 2015 덴마크, 독일

언제 터지나 불안해하다가, 보다가 결국은 울어버리고.

꼭 보고 싶은 영화라, 극장을 찾아 롯데월드몰까지 갔어요.
처음 가보네요. 유통의 롯데를 실감합니다.
나는 신격호 씨의 업적을 높이 평가.

사드 사태로 중국의 소비자들이 손해를 보겠지요.
한 2, 3년 지나면 해결되기를 바라요.

전쟁의 무모함과 증오를 잘 그렸어요.

우리나라에 전쟁을 일으킨 김일성을 존경한다는 사람들이 아직도 있네요.

- 줄거리 -

제2차 세계대전 종전 후, 덴마크군은 포로로 잡아둔 독일 소년병들을 독일군이 매설한 지뢰를 찾아 해체하는 작업에 투입 시킨다. 서해안 해변에 심어진 4만5천 개의 지뢰. 지뢰를 모두 제거하는 데 걸리는 시간은 석 달. 한 번의 실수가 곧 죽음으로 이어질 수 있는 극한의 상황에서 집으로 돌아가기 위한 소년들의 멈출 수 없는 행진이 계속된다.

메트오페라

나부코

Nabucco

지휘 | 제임스 레바인
연출 | 엘라이저 모신스키
출연 | 플라시도 도밍고, 류드밀라 모나스티르스카, 제이미 바튼, 러셀 토마스
개봉 | 2017 미국

노예들의 합창을 두 번 듣는 것만으로도 돈값을 하는 공연.

이 명작을 이제야 보네요.
감상을 권합니다.

올해 메트가 내놓은 회심의 대작으로 두 거장을 초대한 무대.

나는 다시 볼지도 모르겠어요.

- 줄거리 -
바빌론이 히브리에 대한 억압과 저항, 애국심을 주제로 그린 베르디 오페라 실황 영화.

미스 슬로운

Miss Sloane

감독 | 존 매든
출연 | 제시카 차스테인, 마크 스트롱
개봉 | 2016 미국

승부의 비정함을 잘 그리고.
총기 규제와 낙태가 미국의 큰 현안인데, 이를 치열하게 묘사.
우리나라도 언제 이런 청문회 개최하고, 위증에 5년형이 부과될까요.
다시는 한 열 명 앉혀놓고, 손 들라는 청문회 이 땅에서 안 보았으면 좋겠어요.

이 영화가 왜 미국에서는 흥행이 안 되었을까요? 궁금.
끝 부분의 세 번의 반전이 절묘.

홍상수 영화의 한국 남자는 비겁한데, 이 영화의 남자는 남자답네요.

미국 수정헌법 2조와 5조를 공부해야 되겠어요.

- 줄거리 -

승률 100%를 자랑하는 최고의 로비스트 슬로운(제시카 차스테인). 총기 규제 법안으로 온 나라가 떠들썩한 가운데, 자신의 신념에 따라 모두가 포기한 싸움에 뛰어들게 된다. 승리를 위해서라면 수단과 방법을 가리지 않는 슬로운은 뛰어난 전략으로 한 번도 굴복한 적 없는 거대 권력에 맞서지만, 동시에 자신과 주변 사람 모두를 위험에 빠뜨리게 되는데….

핵소고지
Hacksaw Ridge

감독 | 멜 깁슨
출연 | 앤드류 가필드, 샘 워싱턴, 빈스 본,
루크 브레이시, 테레사 팔머, 휴고 위빙
개봉 | 2016 미국, 오스트레일리아

이 이상의 반전(反戰) 영화는 당분간 만들기 힘들 겁니다.
전쟁의 비참함이 너무나도 극명함. 감독은 거장임.

전쟁이 이렇게 비참한데,
재래식 무기도 아니고, 핵으로 동족을 몰살시키려는 집단과
우리 남쪽은 같은 시대에 삽니다.

이렇게 비참하게 오키나와에서 일패도지(一敗塗地)하는 데도,
일본의 육군은 본토 결전과 천황제 유지만을 외칩니다.

마음 약한 여자분들 이 영화 보기는 힘들 거예요.

내가 10점 주는 영화들은 흥행이 잘 안 되나봐요.
한 30분 정도 상영시간이 줄어도 좋을 뻔했어요.

- 줄거리 -
비폭력주의자인 도스(앤드류 가필드)는 전쟁으로부터 조국과 소중한 사람들을 지키기 위해 총을 들지 않아도 되는 의무병으로 육군에 자진 입대한다. 총을 들 수 없다는 이유로 필수 훈련 중 하나인 총기 훈련마저 거부한 도스는 동료 병사들과 군 전체의 비난과 조롱을 받게 된다.

2017. 1. 26

딥 워터 호라이즌

Deep Water Horizon

감독 | 피터 버그
출연 | 마크 월버그, 딜런 오브라이언, 커트 러셀, 케이트 허드슨
개봉 | 2016 미국

이 큰 사고에 희생자가 11명. 안전 수칙을 경시하면 재앙은 필연적.
구조물은 현대중공업 제작.

BP(영국 석유회사)의 입장이 참 어렵습니다.
석유산업의 위험성이 적나라하고요.

영화 시작하고, 한 시간이 지나서야 폭발하네요.

우리나라 안전 관계자들 모두 보세요.
조직이 어찌 되려나 설왕설래하지 마시고요.

- 줄거리 -

2010년 4월 20일, 미국 루이지애나주 앞바다 멕시코만 석유시추선 딥워터 호라이즌 호. 무리한 작업량으로 인하여 이미 배가 시한폭탄 같은 상태임에도 본사는 일정과 비용을 이유로 안전검사를 무시한다. 딥워터 호라이즌 호의 총 책임자 지미(커트 러셀)와 엔지니어 팀장 마이크(마크 월버그)는 이에 반대하지만, 본사 관리자 돈(존 말코비치)은 이런 항의를 묵살하고 작업을 강행한다. 본격적인 작업이 시작된 직후, 굴착반 케일럽(딜런 오브라이언)은 시추관에서 이상 징후를 감지한다. 그리고 그 순간, 배 전체를 뒤흔드는 폭발음과 함께 딥워터 호라이즌 호는 거대한 화염에 휩싸이는데….

나, 다니엘 블레이크
I, Daniel Blake

감독 | 켄 로치
출연 | 헤일리 스콰이어, 데이브 존스
개봉 | 2016 영국, 프랑스, 벨기에

나는 눈물이 나네요.
성매매법 만든 국회의원님들 보시고, 여성부 분들도 좀 보시죠.
그리고 공무원들도 보시고요.

한국의 영화 산업 종사자들도 이런 영화 좀 만드시고요.

이 감독님 명불허전.

딸 신발 사준 엄마를 매도할 수 있는 사람 나와 보세요.
직업을 알선해준 마트 경비원의 행동은 죄악인가요?
마트 경비 책임자는 규정을 어기고, 공무원들은 철저히 규정을 지키네요.

오랜만에 영화다운 영화 봅니다.

- 줄거리 -
평생을 성실하게 목수로 살아가던 다니엘은 지병인 심장병이 악화되어 일을 계속해나갈 수 없는 상황이 된다. 다니엘은 실업급여를 받기 위해 찾아간 관공서에서 복잡하고 관료적인 절차 때문에 번번이 좌절한다. 그러던 어느 날 다니엘은 두 아이와 함께 런던에서 이주한 싱글맘 케이티를 만나 도움을 주게 되고, 서로를 의지하게 되는데….

메트오페라

로베르토 드브뢰

Roberto Devereux

지휘 | 마우리치오 베니니
연출 | 데이비그 맥비커 경
출연 | 손드라 바드바노프시키, 엘리나 가랑차,
매튜 폴렌자니, 마리우쉬 크비에지엔
개봉 | 2016 미국

대본이 제대로 된 오페라이고, 아리아마다 박수가 나오고. 걸작.

오랜만에 제대로 즐긴 오페라.

남자 주인공의 노래도 좋고, 소위 앙상블이 절묘하고.

지난달 말 뉴욕 링컨센터를 가서 직접 오페라 두 편을 보았지만,
무대에서 너무 멀어 제대로 즐기지를 못했습니다.

영화로 보니 오히려 좋은 점도 있습니다.

- 줄거리-

도니체티가 작곡한 '튜더 3부작'의 마지막 작품인 이 오페라는 자신이 사랑하는 젊은 연인의 사형집행 서류에 서명해야 하는 노년의 엘리자베스 1세 이야기를 그렸다. 이미 메트에서 〈안나 볼레나〉와 〈마리아 스투아르다〉를 연출한 데이비드 맥비커 경이 이 3부작 완결판의 연출로 메트에 돌아온다.

죽여주는 여자
The Bacchus Lady

감독 | 이재용
출연 | 윤여정, 전무송, 윤계상
개봉 | 2016 대한민국

〈오발탄〉 이후 한국 영화 최고의 걸작.
윤여정, 국민배우 반열에 오르고.

지금의 우리 사회와 한국 현대사의 굴곡을 어쩜 이리도 잘 그렸나요.

성매매단속법 만든 국회의원님들과, 열심히 단속하시는 분들 이 영화 보세요. 난 낙원극장에서 옛날 영화 자주 봐서, 이 동네 자주 가요.

나는 어떻게 죽어갈까?

- 줄거리 -
종로 일대에서 노인들을 상대하며 근근이 살아가는 65세의 '박카스 할머니' 소영. 노인들 사이에서는 '죽여주게 잘 하는 여자'로 입소문을 얻으며 박카스들 중에서 가장 인기가 높다.

트랜스젠더인 집주인 티나, 장애를 가진 가난한 성인 피규어 작가 도훈, 성병 치료 차 들른 병원에서 만나 무작정 데려온 코피노 소년 민호 등 이웃들과 함께 힘들지만 평화로운 나날을 보내던 중, 한때 자신의 단골 고객이자, 뇌졸중으로 쓰러진 송노인으로부터 자신을 죽여달라는 간절한 부탁을 받고 죄책감과 연민 사이에서 갈등하다 그를 진짜 '죽여주게' 된다.

그 일을 계기로 사는 게 힘들어 죽고 싶은 고객들의 부탁이 이어지고, 소영은 더 깊은 혼란 속에 빠지게 된다.

설리: 허드슨강의 기적
SULLY

감독 | 클린트 이스트우드
출연 | 톰 행크스, 아론 에크하트, 로라 리니
개봉 | 2016 미국

이 영화 보고 세월호 이야기를 했으면 해요.
휴먼 팩터 Human Factor라는 단어의 의미를 아시나요?

드디어 아카데미상의 계절입니다. 명감독이 상을 겨냥한 영화를 개봉.
지난달 뉴욕을 방문하여, 더욱 실감이 납니다.

직업을 독일어로는 '소명(Beruf)'이라고 합니다. 소명이라는 단어의 의미를 되새깁니다.
10월 12일 친구와 저녁 중 왜 청문회가 이렇게 치열했나 궁금해하니, 친구가 금방 말하기를, 보험사 등 이해관계자들에게 사고 원인이 아주 중요한 쟁점이라네요. 역시 무언가 알아야 해요.

나의 경우 위기관리의 경험은, 2008년 6월, 최초의 공직인 한국도로공사 사장에 취임 후, 이 비행기 사건이 있은 지 일주일만인 2009년 설날 폭설 대응 과정이 심각했습니다. 경부고속도로 진입을 전면 차단하고, 경부선 소통을 겨우 이룬 적이 있습니다.

물론 사람의 생명이 달린 문제는 아니지만, 귀성길이 막히면 우리 정서로 남을 폄훼하는 데 능통하니, 사직이 강요될 뻔한 사태였습니다. 도로공사 직원을 포함 여러분들의 헌신으로 겨우 소통을 이루었습니다.
남을 비난하기에 앞서, 자기 자신을 돌아봐야 합니다.

필라델피아
Philadelphia

감독 | 조나단 드미
출연 | 톰 행크스, 덴젤 워싱턴
개봉 | 1993 미국

미국은 이런 영화를 만들어 치유와 화해를 합니다.
우리 영화는 가끔 증오를 증폭시키지요.

다음 주에 필라델피아를 방문 예정이어서 이 도시를 구경하려고 본 영화가, 최고. 필라델피아가 미국의 가치를 상징하니, 이 영화의 배경이 되었나 봅니다.

1993년이면 에이즈는 무조건 죽는 병! 미국의 아카데미는 이름이 부끄럽지 않고, 최고의 배우를 써서 더 포용하는 사회를 이루네요. 분장술도 압권.

농구 경기장 최고 좌석은 정말 호화판이네요. 미국은 위화감을 용인하나 보죠.

우리 지금 가습기 약품 사건은 어찌 종결되나요?

- 줄거리 -
동성연애자인 변호사 앤드류(톰 행크스)는 필라델피아에서 가장 유명한 법률사무소에 입사, 촉망받는 변호사로 발돋움한다. 그러던 중 그는 회사로부터 해고를 당하는데, 자신의 해고가 계획된 것이라고 생각한 그는 법률사무소 대표 찰스(제이슨 로바즈)를 상대로 소송을 제기하고자 이전 자신의 라이벌이었던 변호사 조(댄젤 워싱턴)를 찾아간다. 조는 처음엔 앤드류가 에이즈 환자라는 이유로 거절하나 결국 그의 신념과 확신에 끌려 법정 투쟁에 들어간다.

2016. 9. 10

메트오페라

마담 버터플라이

Madama Butterfly

지휘 | 카렐 마크 시숑
연출 | 앤서니 밍겔라
출연 | 크리스틴 오폴라이스, 로베르토 알라냐,
드웨인 크로프트, 마리아 지프차크
개봉 | 미국 2016

무대 장치가 걸작이고,
여자 주인공은 노래뿐만 아니라, 연기도 귀기(貴氣)가 흐르고.

토요일 오후 2시 관람인데, 22 좌석이 만석입니다.
인기가 있어요.

- 줄거리 -

개화기 일본 나가사키, 집안의 몰락으로 게이샤가 된 15세의 초초상(마담 버터플라이)과 나가사키 주재 미국 해군 중위 핑커톤은 집안의 반대와 친구들의 만류를 무릅쓰고 결혼을 하고 아이를 낳아 생활한다. 하지만 곧 돌아오겠다는 말을 남기고 미국으로 돌아간 핑커톤은 초초상을 잊고 다른 여인과 다시 결혼을 한다. 초초상은 그런 사실을 모른 채 온갖 시련 속에서 아들과 함께 핑커톤이 돌아오기만을 기다린다. 그리고 3년 후, 핑커톤은 미국인 아내 케이트와 나가사키로 돌아와 초초상의 아들을 데려가겠다고 하고, 이에 절망한 초초상은 스스로 목숨을 끊는다.

2016. 8. 31

트루스
Truth

감독 | 제임스 밴더빌트
출연 | 케이트 블란쳇, 로버트 레드포드,
토퍼 그레이스, 엘리자베스 모스
개봉 | 2015 미국

권력과 언론의 관계를 이렇게 잘 묘사했는데, 흥행은 실패하네요.
이렇게 자신 있고 강렬한 제목은 당분간 안 나옵니다.

달을 보라고 가리키는데, 손가락을 본다는 불교의 선문답이 어울리는 명작.

미국의 대통령과 언론의 문제가 지금 우리의 우병우와 조선일보 경우와 상당히 유사해요. 관심 있는 분들은 DVD라도 보세요.

미국의 부시 대통령은 자기 본인의 군 복무가 문제인데,
한국은 자식들의 군대 문제가 말썽이네요.

무엇이 진실인지 알기가 어려워요.

- 줄거리 -
CBS 뉴스 프로그램 '60분'의 베테랑 프로듀서 메리 메이프스. 진실 보도를 위해 의기투합한 메이프스팀은 간판 앵커 댄 래더와 손을 맞잡고 '60분'을 이끌어 나간다. 부시 대통령의 재선 캠페인이 이어지던 중, 메리는 부시의 군 복무 비리 의혹을 뒷받침할 증거를 입수하고, 추적 끝에 심층 보도 방송을 한다. 하지만 이내 증거 조작과 오보라는 주장이 제기되며, 진실을 밝힐 논점은 조금씩 변질되어 60분팀을 위협하기 시작하는데….

러브스토리

Love Story

감독 | 아더 힐러
출연 | 알리 맥그로우, 라이언 오닐, 존 마리, 레이 밀렌드
개봉 | 1970 미국

오늘 이 영화의 감독 아더 힐러 씨 운명했대요.
사랑 이야기, 특히 신데렐라와 비련의 고전.

대학을 막 졸업하고, 젊음이 절정일 때,
이런 영화를 보고 느낌이 없다면, 지극히 비정상이지요.

배경인 하버드 대학 교정이 흥행에 도움되었을 거예요.

- 줄거리 -

명문 부호의 아들인 올리버(라이언 오닐)와 이탈리아 이민 가정의 가난한 제니(알리 맥그로우)는 사회적 신분의 차이를 극복하고 결혼식을 올린다.

모든 이들의 냉대에도 불구하고 행복하게 지내는 두 사람. 올리버는 대학을 졸업, 변호사가 된다.

그러나 아내 제니에게 죽음이 임박했다는 이야기를 듣게 되는데….

싸이코

Psycho

감독 | 알프레드 히치콕
출연 | 안소니 퍼킨스, 베라 마일즈, 존 게빈
개봉 | 1960 미국

걸작. 싸이코라는 단어를 일상어로 만들고….
제작비 80만불!

보고 싶은 영화를 이제 봅니다.
우리 제대로 된 시네마테크, 도심에 있으면 좋겠어요.

이 영화의 스틸이 《당신이 죽기 전에 보아야 할 영화 1001》 표지입니다.

- 줄거리 -

회사원인 마리온(쟈넷 리)은 그녀의 애인 샘(존 게빈)과 결혼하길 원하지만 샘은 빚을 갚을 때까지 기다리라고 말한다. 그래서 그녀는 자신이 다니고 있는 회사 사장이 은행에 입금하라고 맡긴 돈을 들고 도망친다. 돈을 가지고 샘을 만나러 떠난 그녀는 도주 첫날 밤 도로변에 있는 낡은 모텔에 묵게 된다.

모텔의 주인인 노만 베이츠(안소니 퍼킨스)는 그녀에게 친절하게 대해주며, 자신은 모텔 바로 뒤쪽 빅토리아풍의 큰 저택에서 몸이 불편한 어머니와 함께 살고 있다고 말한다. 잠자리에 들기 전, 마리온이 샤워를 하는 도중, 난데없이 검은 형상이 욕실에 나타나고 마리온은 실종된다. 실종된 마리온을 찾기 위해 그녀의 언니 릴라와 샘, 그리고 보험회사 측에서 고용한 탐정인 아보가스트 등 세 사람이 추적에 나선다. 아보가스트는 조사 끝에 그녀가 머물렀던 모텔을 찾게 되는데….

귀여운 여인
Pretty Woman

감독 | 게리 마샬
출연 | 리차드 기어, 줄리아 로버츠
개봉 | 1990 미국

이 영화를 만든 감독이 저세상으로 갔네요.
내가 좋아하는 두 배우와, 줄거리가 단단하고, 음악도 경쾌.

좋은 영화는 삶을 보람되게 해줍니다.
아름다움을 귀엽다고 번역한 재치도 평가해야 합니다.

요사이 오페라를 알게 되었는데, 이 영화에 그 유명한 〈라 트라비아타〉가 나오네요. 어느 공연인지 이 영화 다시 봐야 되겠네요.

- 줄거리 -
매력적인 독신남 에드워드(리차드 기어)는 진행 중인 모스기업 인수 구상차 헐리우드에 사는 변호사 필립(제이슨 알렉산더)의 파티에 참석하기 위해 호텔로 가던 중, 지리를 몰라 당황하다 손님을 기다리던 콜걸 비비안(줄리아 로버츠)의 도움을 받는다. 순진무구한 행동을 보이는 비비안에게 신선함을 느낀 에드워드는 그녀와 하룻밤을 같이 지내게 된다.

다음날, 모스기업의 창업주가 에드워드와의 면담을 요청하자 에드워드는 비비안에게 일주일 동안 고용 파트너가 돼 달라고 부탁한다. 에드워드는 자신이 후원하는 자선 폴로 경기장에서 필립에게 얼떨결에 그녀가 매춘부임을 밝히게 되고, 비열한 필립은 그 약점을 이용해 비비안을 희롱한다.

2016. 6. 25

서프러제트

Suffragette

감독 | 사라 가브론
출연 | 메릴 스트립, 캐리 멀리건, 헬레나 본햄 카터, 벤 위쇼, 브렌단 글리슨, 로몰라 가레이
개봉 | 2015 영국

영국 여성들의 참정권이 그냥 하늘에서 떨어진 것은 아님.
우리나라는 너무 쉽게 주어졌다고 하면, 내가 비난받겠지요.
한국서 단식하는 분들 이제는 더 이상 단식이라는 단어를 욕되게 하지 마세요.

우리 근대사의 가장 큰 재앙인 6·25사변 날 영화를 보네요.

평론가들 평점이 6점인데, 이런 사람들 남을 모욕하는 수준이네요. 그저 생각이 다르면, 조용히 있으면 좋겠어요.
하기야 어느 작가가 말했어요. "작품이 남지, 평론이 남냐"고.

권리는 그냥 주어지지는 않습니다. 합당한 주장을 잘 해야 합니다.
영국 동전에 구호를 찍었습니다.
'세계의 100개 물건' 중 95번째로 영국박물관장이 뽑았어요.

2016. 6. 24

불의 전차

Chariots Of Fire

감독 | 휴 허드슨
출연 | 벤 크로스, 이안 찰슨, 니콜라스 파렐, 나이젤 하버스, 다니엘 제롤
개봉 | 1981 영국

음악이 내가 본 영화 중 가장 인상에 남고. 영국이 세계를 지배할 때의 무용담. 제목의 유래를 위키피디아에서야 알게 되고.

The film's title was inspired by the line, "Bring me my chariot of fire", from the William Blake poem adapted into the popular British hymn "Jerusalem"; the hymn is heard at the end of the film. The original phrase "**chariots of fire**" is from 2 Kings 2:11 and 6:17 in the Bible.

35년 전의 영화가 이제야 우리나라에서 상영되는 건지요? 아니면 재상영인지요?

올해 우리는 리우올림픽에서 금 11, 은 3, 동 10, 계 24개로 일본 다음으로 9위라는 예상이 있네요. 맞을까요?

- 줄거리 -

유대인으로서 당해야 했던 차별과 편견을 이겨내기 위해 승리를 향한 투지를 불태우는 해럴드. 그리고 종교적 신념을 걸고 피나는 노력을 거듭하는 에릭. 숙명의 라이벌인 두 선수는 전 세계의 스포트라이트를 받으며 생에 단 한 번뿐인 레이스를 시작하는데…. 스포츠 정신이 살아있는 최고의 명작. 전 세계를 감동시킨 기적 같은 이야기가 펼쳐진다.

쇼생크 탈출

The Shawshank Redemption

감독 | 프랭크 다라본트
출연 | 팀 로빈스, 모건 프리먼
개봉 | 1994 미국

이 명작을 오늘에서야 봤습니다.
수감자의 인간성 말살을 어찌 이보다 잘 그릴 수 있을까요?
하지만 원작자(스티븐 킹)의 소설은 한 권도 안 읽었네요.

사면(赦免) 심사 중,
Sit.
Sit down.
Please sit down.
식으로 긴장도를 차근차근 높여가는 명작!

네이버 영화평이 15,000 건이 넘어요.

- 줄거리 -

촉망받던 은행 부지점장 앤디(팀 로빈슨)는 아내와 그 애인을 살해한 혐의로 종신형을 받고 쇼생크 교도소에 수감된다. 강력범들이 수감 된 이곳에서 재소자들은 짐승 취급당하고, 혹여 간수 눈에 잘못 보였다가는 개죽음을 당하기 십상이다. 처음엔 적응 못하던 앤디는 교도소 내 모든 물건을 구해주는 레드(모건 프리먼)와 친해지며 교도소 생활에 적응하려 하지만, 악질 재소자에게 걸려 강간까지 당한다. 그러던 어느 날, 간수장의 세금 면제를 도와주며 간수들의 비공식 회계사로 일하게 되고, 신참내기 토미(길 벨로우스)로부터 앤디의 무죄를 입증할 기회를 얻지만….

트럼보
Trumbo

감독 | 제이 로치
출연 | 엘르 패닝, 브라이언 크랜스톤, 다이안 레인, 헬렌 미렌, 루이스 C.K.
개봉 | 2015 미국

존 웨인이 악인이 되고, 커크 더글러스가 의인이 되고, 할리우드의 추한 면을 밝히니 상을 안 준 모양입니다. 미국 우파의 독선이 심하고, 우리도 독재의 그늘이 아직도 드리워져 있지요. 우상이 파괴되네요.

미국은 이런 용감한 영화를 과장 없이 만드나 봐요.
나의 개인적 의견은 우리 영화는 과장이 심해요.

영화에 나오는 〈스파르타쿠스〉를 최근에 실버극장에서 다시 보았는데, 이 영화의 사연이 많이 나오네요.

CGV 압구정의 '안성기관'에서 보았어요.
우리도 우리의 예술인을 아끼기 시작하네요.

- 줄거리 -
할리우드의 황금기였던 1943년, 최고의 몸값을 자랑하던 천재 시나리오 작가 달튼 트럼보(브라이언 크랜스톤)는 정치스캔들에 휘말려 블랙리스트에 오르게 된다.

한순간에 명예와 부, 모든 것을 잃게 된 트럼보는 가족을 지키고 계속 글을 쓰기 위해 가짜 필명으로 활동을 시작하는데….

헝거
Hunger

감독 | 스티브 맥퀸
출연 | 마이클 패스벤더, 리암 커닝햄
개봉 | 2008 영국, 아일랜드

이 영화를 끝까지 다 본 나도 참 독하고, 할 말이 없어요.

작년에 방문했던 벨파스트시에 이런 비극이 있었어요.
그리고, 이 상황이 벌어지던 1981년 영국 런던에 막 부임해서 2년의 주재원 생활을 시작했네요. 그런데 전혀 이 상황을 몰랐어요.
당시 수상 대처, 대단하네요.

너무 할 말이 많습니다.

앞으로 한국서 단식 투쟁하려는 분들, 이 영화 보세요.

- 줄거리 -
메이즈 교도소에서 자신들의 신념을 위해 죄수복 착용과 샤워를 거부하며 투쟁을 벌이고 있는 IRA(영국으로부터의 완전 독립을 목표로 하는 아일랜드공화국군)의 조직원들.
IRA의 핵심인물인 보비 샌즈(마이클 패스벤더)는 자신들의 요구를 묵살하고, 대화를 거부하는 마가렛 대처 수상에 맞서 마지막 저항을 시작한다.

2015. 11. 8

스파이 브릿지

Bridge of Spies

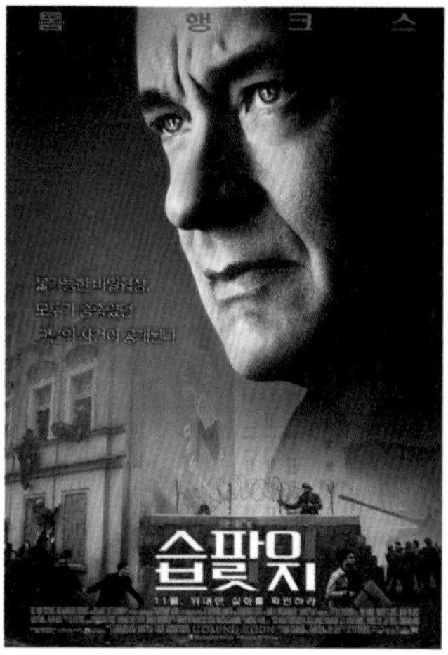

감독 | 스티븐 스필버그
출연 | 톰 행크스, 마크 라이런스, 에이미 라이언, 오스틴 스토웰
개봉 | 2015 미국

미국이 왜 냉전에서 승리하고 지금도 세계를 제패하는지 알게 해주는 영화. 지금 교과서 국정화에 입장이 있는 분들은 이 영화를 보고 자신의 입장을 다시 정립하세요.

1957년과 1960년의 미국과 소련의 대결을 이처럼 잘 그릴 수 있을까요?
당시 우리는 전쟁이 끝나고, 혁명의 와중에 있었네요.

아카데미 계절이 오니 볼만한 좋은 영화들이 개봉되네요.
나는 스파이 아벨역에 남우 조연상 걸어요.

지난 5월 영화의 배경인 베를린을 구경하여 더욱 실감이 나요.
스파이를 교환한 다리는 포츠담 부근이고, 포츠담은 당시 소련 스파이 총본부가 있었답니다.
좋은 도시에서 점령군이 호사를 한껏 누렸답니다.
도너반이 협상한 보험 10만불과 50만불 결론이 어찌 났는지요? 또 동독의 보겔의 정체는?

1980년 당시 대우건설이 수단에서 서독 독일 대사관 공사를 할 때,
발주처가 있는 서 베를린에 서류를 접수하러 서베를린을 비행기로 왕복했습니다. 그때 들른 공항이 이 영화의 Tempelhof 공항입니다.

2015. 10. 17

뉘른베르크의 재판
Judgment At Nuremberg

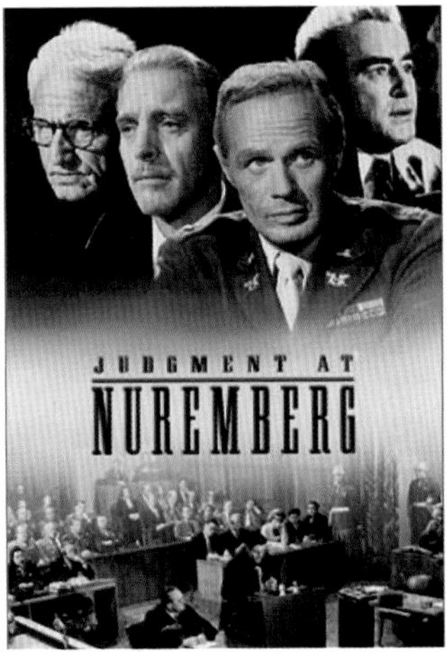

감독 | 스탠리 크레이머
출연 | 스펜서 트레이시, 버트 랭커스터, 리처드 위드마크, 마를렌 디트리히
개봉 | 1961 미국

명작.
끝의 반전이 내가 본 영화 중 최고. 제목이 '재판'이 아니라 '판결'이어야 함.

안산 명화극장에서 처음 본 영화. 이런 명작을 상영해 주는 극장이 고맙고요.

이 영화 《New York Times Guide to the Best 1000 Movies Ever Made》에 수록됨.

저명한 판사들을 재판하는 법정 이야기가 윤리 문제를 주제로 전개되니 세 시간 동안 흥미진진함.
생각을 많이 하게 해주는 영화이고, 영어 자막으로 대사를 정확히 이해하고 싶고요. 음악도 일품입니다.

- 줄거리 -
뉘른베르크 전범재판은 2차 세계대전에서 승리한 연합국이 주체가 되어 패전국 독일이 제3제국의 이름으로 저지른 반인도적 행위에 대해 개인적 책임을 추궁한 역사적 사건이다.
이 영화에서 다루는 피고는 전쟁 당시 재판관들이다. 미국 측 재판관 헤이우드는 독일군 고위층 부부가 살던 대저택에 머물게 되는데 이 집의 전 여주인을 알게 된다. 그리고 이 부인을 만나면서부터 독일군이 인도주의적 정신보다는 나라에 대한 충성심을 더 강요받았다는 사실을 깨닫게 된다.

2015. 6. 13

들고양이

Il Gattopardo, The Leopard

감독 | 루치노 비스콘티
출연 | 버트 랭커스터, 알랑 드롱
개봉 | 1963 이탈리아

명작. 감독이 "이탈리아도 이렇게 살았다"고 이야기 하고.
여자 주인공의 매력도 일품. 왈츠 장면은 내가 본 영화 춤 장면 중 단연 압권.

꼭 보고 싶었던 영화인데 새로 옮긴 시네마테크에서 상영하길래 봄.
만석이고 극장 시설도 개선되어서 좋고.

이 영화는 시오노 나나미가 하도 좋다고 하여 봄.
《나의 인생은 영화관에서 시작되었다》와 《로마에서 말하다》에서 격찬.
영화 해설은 시네 21의 남동철의 2007년 11월 글이 좋음.

상영 시간이 205분이라지만, 영화관서는 184분 상영함.
작년 5월 시칠리아를 방문했었기에 더욱 이 영화를 보니 좋고요.

《New York Times》의 'Best 1000 Movies Ever Made' 중 하나.

- 줄거리 -
19세기 시칠리아, 유서 깊은 귀족 살리나는 강인한 성격과 높은 자긍심을 가진 인물로 현실의 변화를 인지하면서도 그 안에 편입하려 하지 않는다. 하지만 야심만만한 조카 탄크레디의 야망을 인정하고….
1963년 칸영화제 황금종려상 수상.

철도원

鐵道員: ぽっぽや

감독 | 후루하타 야스오
출연 | 다카쿠라 겐, 코바야시 넨지,
오타케 시노부, 히로스에 료코
개봉 | 1999 일본

내가 본 일본 영화 중 일본인의 의식을 가장 잘 나타낸 영화.
북해도 찬가. 일본 철도 마니아들에 바친 송가.

지난 2월 북해도 여행 후 다행히 이 영화 상영 중이라 봄.
보기를 잘했고요.

일본인의 직업의식을 알 수 있습니다.

- 줄거리 -
하얀 눈으로 뒤덮인 시골 마을 종착역을 평생 지켜온 철도원 오토. 눈이 내리면 그는 고개를 들어 눈송이를 쏟아내는 먼 하늘을 하염없이 바라본다.

17년 전 겨울 어느 날, 우윳빛 고운 얼굴의 아내가 그에게 달려왔다. 아기를 가졌다며 기쁨에 어쩔 줄 몰라하는 천진난만한 아내 시즈에. 오랜 기다림 끝에 태어난 딸에게 그들은 '눈의 아이'라는 뜻의 유키코란 이름을 지어줬다. 하지만 유키코는 태어난 지 두 달만에 열병으로 숨을 거두고, 역을 지키느라 딸의 죽음음 지켜보지 못한 오토의 가슴에 깊은 상처가 자라난다. 그리고 또다시 아내 시즈에가 깊은 병을 얻어 큰 병원에 입원하는 날도 오토는 역에 남아 슬프도록 맑은 눈으로 자신을 바라보는 아내를 홀로 보내고 말았다. 그렇게 떠난 아내마저 쓸쓸히 유키코가 있는 하늘로 가버리고. 오토의 정년 퇴임을 앞둔 새해 아침. 눈 쌓인 플랫폼을 치우고 있던 오토에게 낯선 여자아이 하나가 인사를 하고 다가오는데….

2015. 3. 12

위플래쉬
Whiplash

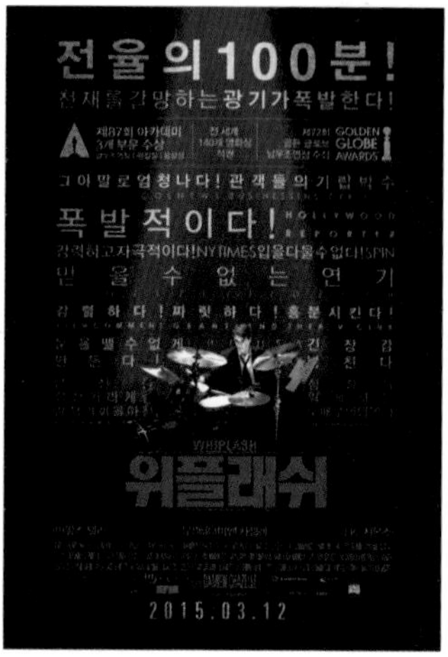

감독 | 다미엔 차젤레
출연 | 마일즈 텔러, J. K. 시몬스
개봉 | 2014 미국

완벽을 추구한다는 선생의 갑질이 좀 과장되긴 했지만,
악기를 연주하는 분들과 재즈 좀 안다는 분들 보면 좋을 거예요.

〈마지막 4중주〉 이후 오랜만의 음악 걸작. (본문 83쪽 참조)
이 감독의 나이 30세라니 앞으로 기대가 큽니다.

'Whip', 'Lash' 로 나누어 읽으면 뜻이 쉬워요.
Buddy Rich 판 사서 들으렵니다.

- 줄거리 -
최고의 드러머가 되기 위해서라면 무엇이든 할 각오가 되어있는 음악대학 신입생 앤드류는 우연한 기회로 누구든지 성공으로 이끄는 최고의 실력자이지만 또한 동시에 최악의 폭군인 플렛처 교수에게 발탁되어 그의 밴드에 들어가게 된다.

폭언과 학대 속에 좌절과 성취를 동시에 안겨주는 플렛처의 지독한 교육방식은 천재가 되길 갈망하는 앤드류의 집착을 끌어내며 그를 점점 광기로 몰아넣는데…. '위플래쉬'란? 영화 속에서 밴드가 연주하는 재즈 곡의 제목이다. 중간 부분 드럼 파트의 '더블 타임 스윙' 주법으로 완성된 질주하는 독주 부분이 일품으로 꼽힌다. 단어의 원 뜻은 '채찍질'을 뜻한다.

2015. 2. 18

이미테이션 게임

The Imitation Game

감독 | 모튼 틸덤
출연 | 베네딕트 컴버배치, 키이라 나이틀리,
매튜 구드
개봉 | 2014 영국, 미국

나의 평점은 10점 만점에 12점.
역시 아카데미는 권위를 스스로 만듭니다.
정보전 그리고 역 정보전. 생각할 게 많아요. 성에 대한 편견 등.

꼭 보세요. 정말 좋은 영화.

2014년 영국의 《The Economist》 송년호가 영국에서의 통계학자들의 처절한 노력을 잘 설명했습니다.
미국에서 들여오는 영국의 주요 식량인 감자가 적의 잠수함 공격으로 대서양에서 수장되어 영국인의 기아를 해결하지 못하면 전쟁은 집니다.
이에 관한 암호 분석을 통계학자들이 합니다. 절체절명의 싸움이었답니다

- 줄거리 -

매 순간 3명이 죽는 사상 최악의 위기에 처한 제2차 세계대전. 절대 해독이 불가능한 암호 '에니그마'로 인해 연합군은 속수무책으로 당하게 된다. 결국 각 분야의 수재들을 모아 기밀 프로젝트 암호 해독팀을 가동한다. 천재 수학자 앨런 튜링(베네딕트 컴버배치)은 암호 해독을 위한 특별한 기계를 발명하지만 24시간마다 바뀌는 완벽한 암호 체계 때문에 번번이 좌절하고 마는데….

과연, 앨런 튜링과 암호 해독팀은 암호를 풀고 전쟁의 승리를 끌어낼 수 있을까?

아메리칸 스나이퍼
American Sniper

감독 | 클린트 이스트우드
출연 | 브래들리 쿠퍼, 시에나 밀러, 제이크 맥더맨, 루크 그림즈, 카일 갈너
개봉 | 2014 미국

미국이 왜 세계를 지배하는지 알 수 있습니다.
군대 안 간 남자들은 볼 자격이 없습니다.

내가 좋아하는 감독이고, 또 실화라는데 안 볼 이유가 없습니다.

분단된 나라에서 군대를 안 간 사람들이 많은데, 그분들 이런 영화를 보고 어떤 감정을 가질지 궁금합니다.

예전에 《National Geographic》에서 알링턴 묘지 관련 기사 읽었음.
국기로 관을 덮는 관행은 수의가 없어서 임시방편으로 국기를 사용했다며, 마차로 운구하는 관행은 앰뷸런스가 없어서, 포차로 운구하다 명예로운 절차가 되어 대령 이상에게만 허용되는 예우랍니다.
그 잡지 한 권 구하면 좋겠어요.

- 줄거리 -
녹색 얼굴의 악마들, 전쟁의 종결자 '네이비 실' 사이에서도 전설이라 불렸던 남자 크리스 카일. 총알이 난무하는 전쟁터에서도 군인들이 적을 소탕할 수 있었던 것은 최고의 스나이퍼가 자신들을 지켜줄 것이라는 믿음 때문이었다. 그러나 신은 그에게 관용을 허락하지 않았다. 더 이상 자신이 사랑했던 남자가 아닌 것 같다는 아내의 눈물에도 그는 조국을 지키기 위해, 한 명의 전우를 더 살리기 위해 적에게 총구를 겨누는데….

2014. 12. 23

국제시장

Ode to My Father

감독 | 윤제균
출연 | 황정민, 김윤진, 오달수, 정진영
개봉 | 2014 대한민국

울지 않은 사람 있을까?

기념비적인 한국 영화.

좌경, 성과 폭력으로 얼룩진 한국 영화의 수준을 여러 단계 높이고.

이 영화 천만 관객 돌파에 내기하고, 또 '울지 않는 친구들 있나'에도 내기를 합니다.

- 줄거리 -

1950년대 한국전쟁 이후로부터 현재에 이르기까지 격변의 시대를 관통하며 살아온 우리 시대 아버지 덕수(황정민), 그는 하고 싶은 것도 되고 싶은 것도 많았지만 평생 단 한 번도 자신을 위해 살아본 적이 없다.

'괜찮다' 웃어 보이고, '다행이다' 눈물 훔치며 힘들었던 그때 그 시절, 오직 가족을 위해 굳세게 살아온 우리들의 아버지 이야기가 지금부터 시작된다.

사막의 라이온

Lion Of The Desert

감독 | 무스타파 아카드
출연 | 안소니 퀸, 올리버 리드
개봉 | 1981 영국

리비아에서 4년을 근무했는데 이 영화를 이제야 봅니다. 근무하기 전에 이 영화를 보았으면 훨씬 그들과의 대화에 도움이 되었을 터인데도요.
일본의 만행들은 이탈리아보다 더 심했을 겁니다.

오늘 명보극장에서 잘 보았습니다.
식민지를 겪은 나라들의 국민은 꼭 보아야 할 영화입니다.

상영 시간을 늦추면서까지 일양약품 사람들이 광고를 하니 참 답답합니다. 관객에 대한 예의가 아닙니다. 하기야 대한민국 최고의 영화관들도 10분씩 광고를 하는 작태이니, 소비자의 권리가 무시되지요.
누군가가 강요된 시간 십여분의 보상을 요구하는 집단 소송을 해주면 동참하렵니다.

- 줄거리 -
20세기 초기에 벌어졌던 이탈리아와 리비아 사이의 20년 전쟁이 소재. 이 영화는 실화이며 등장인물도 역사적 실존 인물의 실명을 그대로 사용하고 있다. 20세기 초, 당시 끊임없이 벌어졌던 강대국의 제국주의 전쟁은 아프리카에서도 예외가 아니었다. 영국은 이집트를, 프랑스는 튀니지를, 스페인은 모로코를 점령했다. 이탈리아군에 의한 무자비한 양민학살이 지속되지만, 무크타르는 사막전과 산악전에서 뛰어난 전술로 현대병기로 무장한 이탈리아군을 계속 패퇴시키는데….

60만번의 트라이

60万回のトライ, One for All, All for One

감독 | 박사유, 박돈사
출연 | 김관태, 현충현, 김철홍, 이경주, 문정희
개봉 | 2013 대한민국, 일본

하나, 믿음과 승리 구호가 좋고, 무거운 주제를 잘 풀고 음악도 좋고.
70년간의 숙제를 언제 풀까요? 우리 세대에 전쟁을 종식시켜야만 되는데,
No Side의 의미 좀 배워야 되고.

네이버 평점 글이 100자 넘기는 처음인가 봐요.

무거운 주제를 체육을 통해서 잘 전달했어요.
오랜만에 한국 영화 수작을 만나 반갑습니다.
나는 삼선고등학교 1학년 때 친한 친구가 사대부중 럭비 선수여서, 당시 동대문운동장으로 럭비 구경도 가서 럭비는 조금 알아요.
앞으로 공을 패스하지 않는 경기여서 상당히 공정한 경기라고 느낍니다.

영국이 전쟁에서 승리한 것이 Rugby 등 공립학교의 교육 덕이라는 이야기 음미할 필요 있습니다.
럭비가 북쪽에서는 투구라고 번역하네요.

막간의 오사카 지사 하시모토 회견 역시 밥맛없게 만드네요.
안에서만 통하는 정치배의 전형 같네요. 우리도 이런 분들 많지만요.

햄릿
Hamlet

감독 | 로렌스 올리비에
출연 | 로렌스 올리비에, 배질 시드니, 에일린 헐리, 노만 울란드, 테런스 모건, 진 시몬스
개봉 | 1948 영국

이 영화 안 보고 햄릿을 이야기하는 것은 불가능.
명작.

내가 태어난 1948년에 만들어진 걸작.

시작 부분의 성벽 순찰 장면을 보니, 대학 시절 원작을 영어로 읽어보려다, 도저히 실력이 안 되어 포기했던 기억이 남.
전공 공부를 더 했어야 되었는데.

2014 잘츠부르크 페스티벌 공연 실황

일 트로바토레

Il Torebatore

지휘 | 다니엘라 가티
출연 | 안나 네트렙코, 마리-니콜 르뮤,
프란체스코 멜리
개봉 | 2014

전석 매진인 이유를 알겠고. 우리의 눈높이 수준은 자꾸만 높아지고.
단, 작품 해석은 현대적이고. 지고지순한 사랑도 요사이 기준으로 보면 좀 과장되었고.

안나 네트렙코와 도밍고 덕분에 빈자리가 없는 것 같아요. 바리톤으로 변신한 도밍고씨 1934년생입니다. 대단합니다. 노익장이란 이런 분이네요.

무대 장치는 배경을 유명 유럽의 미술관으로 변형시켜, 그림으로도 주인공들을 설명하고, 여러 명화를 걸어 놓았는데, 그림 아는 분들은 의미를 해석하며 즐길 수 있겠어요.

상영 중 객석에서 박수가 나올 정도로 인기가 있습니다.

베르디 선생은 〈아이다〉에서도 여주인공이 사랑하는 남자와 같이 죽는데, 죽음으로 이승에서 못 이루는 사랑을 상당히 찬미하는 것 같아요.
우리 속담은 '저승보다는 그래도 이승이 낫다'고 하는데.

장사 되는데 다시 상영을 안 하는지 궁금합니다. 지방에서도 상영하네요.

2014. 4. 27

자칼의 날

The Day Of The Jackal

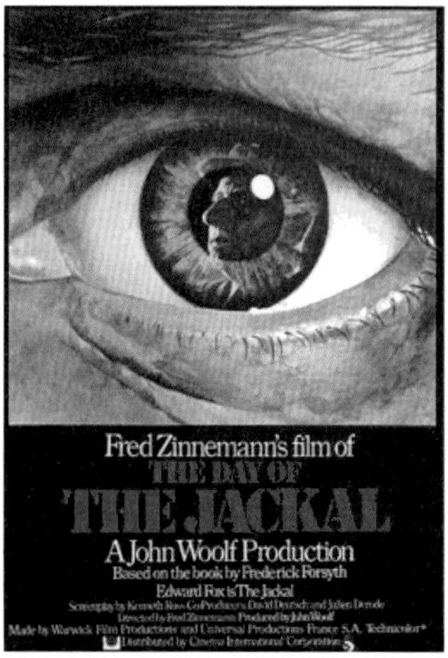

감독 | 프레드 진네만
출연 | 에드워드 폭스, 테렌스 알렉산더,
마이클 오클레어
개봉 | 1973 영국, 프랑스

국내 상영이 안 되어, TV에서 보고 또 DVD로 봄.
원작도 좋지만 영화도 명품임. 대통령 암살이 주제라 당시는 개봉이 힘들었겠지만, 이제는 극장에서 봐도 좋을 텐데요.

아마존에서 DVD를 구입해서 밤늦게 보았습니다.
예전에 EBS에서 방송할 때도 보았습니다.

이 작가를 워낙 좋아해서, DVD를 수장합니다.

150년 가지고 있었던 식민지를 돌려준 상실감과 이를 결정한 사람에 대한 증오감, 저격수의 직업의식, 당시 시대 배경 등 탁월한 묘사로 원작은 단숨에 추리물 세계를 평정했습니다.
라틴 인사법을 간과한 결말은 우리말로 천려일실(千慮一失)입니다.

원작과 DVD 모두 누구에게나 권합니다.
네이버 영화 소개 중 씨네 21의 김종철씨 〈명예의 전당〉 기사 잘 썼습니다.
제목의 번역을 나는 '자칼의 하루'로 하고 싶습니다.

2014. 4. 19

필로미나의 기적

Philomena

감독 | 스티븐 프리어스
출연 | 주디 덴치, 스티브 쿠건, 시몬 라비브
개봉 | 2013 영국, 미국, 프랑스

시작과 끝부분에서 두 번 눈물을 흘렸습니다.
미혼모의 입양만이 아니라, 언론의 속성, 남을 증오하는 맹목적인 편집광적인 신앙, 끝까지 비겁한 조직 등 여러가지를 깊이 생각하게 만듭니다.

내가 네이버 평점 글을 가장 길게 쓴 작품입니다.

가난한 나라의 입양 이야기를 바탕으로 여러 주제를 심도 깊게 다룹니다.

네이버 블로그를 하면 해피빈 콩을 줍니다. 이 콩들을 나는 처음부터 미혼모 단체에 기부했습니다.

전단지가 주연 여자 배우의 웃는 얼굴을 실었는데, 나는 광고사의 의도를 이해 못 합니다. 《TIME》 2014. 3. 3 p. 41 기사에 의하면 수녀들 묘사는 실제보다는 좀 더 사악하게 했답니다.

- 줄거리 -
50년 만에 잃어버린 아들을 찾아 나선 엄마 필로미나와 특종을 쫓는 기자 마틴의 감동과 웃음 여행. 수소문 끝에 그녀의 아들이 미국에 입양된 사실을 알게 되고, 필로미나는 난생 처음 아들을 만나기 위해 미국으로 떠날 결심을 한다. 하지만 무작정 아들의 행방을 좇는 것에 점점 지쳐가고.

그러던 중 마틴은 그에 대해 놀라운 사실을 알게 되는데….

2014. 4. 13

밀레니엄, 제1부: 여자를 증오한 남자들

The Girl With The Dragon Tattoo

감독 | 닐스 아르덴 오플레브
출연 | 누미 라파스, 미카엘 니크비스트
개봉 | 2009 스웨덴, 덴마크

추리물로 완성도 훌륭하고.

2009년 소설이 영화로 되어, 2011년 미국편보다는 훨씬 이야기 완성도가 높고, 유럽편 분위기가 더 좋음.

세 번의 반전도 논리적이고.
네이버 일반인 평점은 미국편 8.14점, 유럽편 7.85점임.

인간이 이렇게까지 추악하게 된 거지만, 성경 중 〈레위기〉가 인용되는 걸 보면 성악설이 맞는지? 짐승 같은 인간성과 나치가 맞물리고, 재벌가가 연루되어, 혹시 사실성이 있어서 책이 많이 팔렸는지?

KIA차 이제 영화에 협찬 초대 받습니다.
이야기 구성은 탄탄합니다.

- 줄거리 -
40년 전 어느 날, 명망 있는 뱅거 가문 소유의 외딴 섬에서 가족 모임을 하던 중 뱅거 가문의 일원이었던 하리에트 뱅거가 실종된다.

하리에트의 실종을 조사하던 이 둘은 40년 전에 일어난 끔찍한 연쇄살인 사건과 그녀의 실종이 연관되어 있음을 알게 되고 음침하고도 간담이 서늘한 가족 역사의 비밀을 밝혀나가기 시작하는데….

2014. 4. 5

론 서바이버
Lone Survivor

감독 | 피터 버그
출연 | 마크 월버그, 테일러 키취, 에밀 허쉬, 벤 포스터, 에릭 바나
개봉 | 2013 미국

앞으로 몇 년이나 지나야 이 작품보다 실감 나는 특수부대원 영화가 나올까? 군인의 최고 영예상이 여자라고 우기는 분들은 이 영화를 보세요.
기자와 평론가 7점도 안 되는데 영화를 보고 말하는지, 앞으로는 그 분들 이야기 싣지 마세요. 군대나 갔다 왔는지. 참.

"The story is based on a true story"
이 영화 보는 미국인들 피가 끓을 겁니다.
잘 되는 나라는 군인들을 존경합니다. 어느 나라는 군 통수권자가 "군대는 썩는 곳"이라고 이야기했다는데, 설마 그렇게 말씀하셨겠어요?

비록 지상에서만 4년을 근무한 군인이지만, 나도 심장이 뛰었습니다.
피 한방울 안 흘린 군대 생활이었지만요.

- 줄거리 -
2005년 6월 28일, 아프가니스탄에서 복무 중인 네이비씰 대원 마커스, 마이클, 대니, 매튜는 미군을 사살한 탈레반 부사령관 샤를 체포하기 위한 '레드윙 작전'에 투입된다. 본격적인 임무 수행을 위해 잠복 중, 산으로 올라온 양치기 소년 일행에게 정체가 발각된다. 완벽한 작전 수행을 위해 이들을 죽일 것인가, 교전 수칙에 의해 살릴 것인가! 윤리와 의무 사이, 선택의 기로에 놓인 대원들은 오랜 논쟁 끝에 이들을 살려주기로 한다.
　그러나 이 선택은 그들에게 엄청난 결과를 가져오게 되는데….

달라스 바이어스 클럽

Dallas Buyers Club

감독 | 장 마크 발레
출연 | 매튜 맥커너히, 제니퍼 가너, 자레드 레토
개봉 | 2013 미국

말기 환자들의 절박함을 이 이상 더 잘 묘사할 수 있을까?

금년 아카데미의 탁월한 선택에 놀라지 않을 수 없습니다.

남자 배우 둘의 연기가 완벽합니다. 그리고 분장도. 성적 취향은 어쩔 수 없다는 것을 느끼게 해주고, 그들의 입장을 받아들이게 됩니다.

규정이 꼭 대중을 보호하지 않을 수도 있네요.

AIDS, 이제 치료된다네요. 암도 완치되면 좋겠어요.

- 줄거리 -

방탕한 생활을 하며 로데오를 즐기는 전기기술자 론 우드루프(매튜 맥커너히)는 어느 날 의사 이브 삭스(제니퍼 가너)로부터 에이즈 진단을 받게 된다. 그에게 남은 시간은 단 30일…! 죽음을 맞이할 준비가 되어있지 않던 론은 치료제로 복용했던 약물이 효과가 없다는 사실을 알게 된 후, 자국에서는 금지된 약물을 다른 나라에서 밀수해 들여오기 시작한다. 그러던 중 우연히 알게 된 에이즈 감염자 레이언(자레드 레토)과 함께 '달라스 바이어스 클럽'을 만들고, 회원제로 자신과 같은 병을 앓는 환자들에게 밀수한 치료 약물을 판매하기 시작하는데….

2014. 2. 8

뜨거운 양철 지붕 위의 고양이

Cat On A Hot Tin Roof

감독 | 리처드 브룩스
출연 | 엘리자베스 테일러, 폴 뉴먼, 벌 아이비스
개봉 | 1958 미국

전설이 된 배우들과, 명작인 희곡의 결합.
Liz와 Newman이 왜 전설이 되었는지를 알려면 이 영화 보세요.

오해인지, 사실인지 불분명한 사건으로 불신이 생기고, 의심의 골은 깊어가지만, 결국은 화해하는 이야기.

2014년 당시 65세는 노인으로 대접받습니다.

실버극장이 서울은 두 군데로 알고 있는데, 각 구청이 하나씩 운영하면 좋을 것 같아요. 노인에 대한 복지 여러가지 방법이 있을 수 있습니다.

- 줄거리 -

미국 남부의 귀족 가문에 태어난 매기(엘리자베스 테일러)는 한때 유명한 미식축구 선수인 브릭(폴 뉴먼)과 결혼을 하지만 불행한 생활을 하게 된다.

어느 날 거대한 농원의 지주인 아버지의 죽음의 선고로 형과 재산 상속 문제로 암투를 벌이게 된다. 불행히도 한쪽 다리를 잃은 남편 브릭은 정열적이고 뜨겁게 사랑을 갈구하는 아름다운 아내 매기에게 사랑을 충족시켜 주지 못한다.

메트오페라

에프게니 오네긴

Eugene Onegin

원작 | 푸쉬킨
작곡 | 차이코프스키
출연 | 안나 네트렙코, 마리우쉬 퀴베첸
개봉 | 2013

평점 10점 만점에 12점.
이야기, 음악과 노래 모두 더 이상 말이 필요 없고.
이제까지 본 Met Opera 중 최고.

푸쉬킨의 소설, 차이코프스키의 음악, 그리고 지금 인기 절정의 안나 네트렙코의 노래가 세계 최고의 무대에서 펼쳐집니다.

1막 2장은 아마 사랑의 열병을 앓아본 사람들이라면 누구든지 공감하고, 아련한 옛 추억을 되살릴 수 있을 겁니다.

클라시커 50 오페라에 선정.
《오페라를 만나러 가자》 1권에도 해설이 있음.

평점이 10점 만점이 아니고 12점이어야 됩니다.

- 줄거리 -
방탕한 생활에 젖어 있던 오네긴이 시골 영지로 내려와서 겪게 되는 사랑과 우정을 노래한 작품으로 알렉산드로 푸쉬킨의 운문소설 《에프게니 오네긴》을 각색해 만든 오페라 실황 영화.

버틀러
The Butler

감독 | 리 다니엘스
출연 | 존 쿠삭, 알렉스 페티퍼, 로빈 윌리엄스, 제임스 마스던, 포레스트 휘태커, 오프라 윈프리
개봉 | 2013 미국

미국 흑인의 지위 상승 역사. 화해의 따듯함을 이야기하고.
아카데미상 몇 개 지명될 듯함. 미국 영화는 자기 나라 역사를 긍정하게 만들고.

실화에 기초했다는데, 긍정하는 흑인의 이야기로, 집사의 이야기가 아니라 역대 미국 대통령들의 위대함이 강조됩니다. Nixon의 경우 좀 애매하지만.

끝부분의 말, "미국이 200년 동안 감옥이었다."
통절한 반성으로 느껴집니다.

- 줄거리 -
1952년부터 1986년까지 무려 34년간 백악관 집사로 근무한 최고의 버틀러 유진 앨런의 이야기는 전 외교부 기자였던 윌 헤이굿 기자에 의해 당시 89세인 그의 인터뷰가 〈워싱턴포스트지〉에 실리면서 세상에 알려지게 되었다.

미국 33대 대통령 해리 S. 트루먼을 시작으로 드와이트 D. 아이젠하워, 존 F. 케네디, 린든 B. 존슨, 리처드 닉슨, 제널드 포드, 지미 카터, 로널드 레이건까지 8명의 대통령을 수행한 유진 앨런은 가장 가까이에서 그들을 지켜보며 모든 순간을 함께 했다.

8명의 대통령들과 평범한 일상을 나누며 친구처럼 때론 가족처럼 지낸 유진 앨런.

캡틴 필립스

Captain Phillips

감독 | 폴 그린그래스
출연 | 톰 행크스, 캐서린 키너, 바크하드 압디,
바크하드 압디라만, 파이살 아메드,
마핫 M. 알리
개봉 | 2013 미국

긴박감은 근래 최고. 관객은 거의 10점. 기자 평론가는 6.9점.
하여간 우리 지식인분들 딴 세상에 살지요.

우리도 아덴만의 여명으로 겪은 실화.
작년 10월 친구들과 SK해운의 LNG선을 타고 평택에서 싱가포르까지 항해해서 이 영화 더욱 실감나게 봄.

우리도 당시 해적들을 현장에서 처리했어야 했다는 의견도 있었습니다.
"착하게 살자"는 말이 마음에 다가옵니다.

- 줄거리 -

소말리아 인근 해상, 리차드 필립스 선장이 이끄는 화물선 앨라배마호가 해적의 공격을 받는 사건이 발생한다. 필립스 선장은 순간의 기지로 해적들의 1차 공격을 막는 데 성공하지만, 해적들은 곧 앨라배마호를 점령한다. 선원들을 대피시킨 채 홀로 해적들과 대치하는 필립스 선장. 숨 막히는 경계와 팽팽한 심리전 속, 필립스 선장은 19명 선원들을 대신하여 홀로 해적들의 인질이 되는데….

오발탄
誤發彈, An Aimless Bullet

감독 | 유현목
출연 | 김진규, 최무룡
개봉 | 1961 대한민국

무거운 영화였습니다.
1961년 한국의 어려운 현실을 모두 모아놓은 영화.

친구들과 어울려 봄.
한국영화 최고의 걸작이라 함. 맞음.

- 줄거리 -
송철호(김진규)는 박봉에 시달리는 가난한 계리사. 치통을 앓고 있지만 충치 하나 뽑을 여유 없이 하루하루 힘겹게 살아가는 그에게는 정신이상의 노모와, 영양실조에 걸린 만삭의 아내(문정숙), 그리고 제대 후 변변한 직장 하나 없이 사고만 연발하는 동생 영호(최무룡) 외에 여동생 명숙과 막내동생 민호, 그리고 신발을 사달라고 졸라대는 어린 딸이 있다. 월급날에도 선뜻 치과에 가지 못하고, 딸아이 사 줄 신발을 뒤적거리다가 슬며시 놓아버리고 말 정도로 가난한 살림살이.

한편 영호는 우연히 군대시절 만났던 설희를 다시 만나 하룻밤을 보낸다. 다음날 설희의 집을 찾아간 영호는 설희가 이웃집 청년에 의해 살해당했음을 알게 된다. 설희의 방에서 실탄이 든 권총을 숨겨 나오는 영호는 은행을 털지만, 돈이 든 가방을 들고 도주하다가 잡히고 만다. 택시에 올라탄 철호, 노모가 계신 집으로 가다가 다시 방향을 바꿔 경찰서로 가자고 한다. 어디로 가야 할지 모르고 우왕좌왕하는 그의 입에서는 끊임없이 피가 흘러내리고, 택시 운전수는 어디서 오발탄 같은 손님이 걸렸냐며 투덜거린다.

2013. 9. 18

내일을 향해 쏴라

Butch Cassidy And The Sundance Kid

감독 | 조지 로이 힐
출연 | 폴 뉴먼, 로버트 레드포드, 캐서린 로스
개봉 | 1969 미국

내가 제일 좋아한 영화.

1970년 가을 대학 4학년 때 본 영화.
너무 좋아 나의 책《영화 이야기》표지에 포스터를 실었습니다.

주제가가 나오면서 자전거 타는 장면이 너무 경쾌합니다.
두 명배우도 훌륭하고요.

- 줄거리 -

1890년대 미국 서부. 부치 캐시디와 선댄스 키드는 갱단을 이끌고 은행만 전문적으로 터는 은행 강도들이다. 그러나 사람들을 해치는 것을 최대한으로 피하는 양심적인 강도들이다. 보스인 부치는 머리 회전이 빠르고 인심은 좋지만 총솜씨는 별로 없고, 반면, 선댄스는 부치와는 정반대로 구변은 별로 없지만 총솜씨는 당해낼 사람이 없다. 미래에 대한 희망도 없이 돈이 생기면 써버리고 없으면 은행을 터는 그들이지만, 세상을 바라보는 눈은 매우 낙천적이며 낭만적이기도 하다.선댄스에게는 애인 에타가 있다. 그런데 어느 날 부하들이 부치를 몰아내려고 반기를 드는데 부치는 특유의 구술과 임기응변으로 잘 무마된다. 그러다 모처럼 몇 차례 열차를 턴 것이 화근이 되어 부치와 선댄스는 추적의 표적이 되어 할 수 없이 볼리비아로 간다.

2013. 8. 31

잡스
Jobs

감독 | 조슈아 마이클 스턴
출연 | 애쉬튼 커쳐, 조시 게드, 더모트 멀로니, 매튜 모딘
개봉 | 2013 미국

내 평점은 12점.
잡스의 좋은 점만 가진 한국의 천재들 탄생을 바라며,
우리 미래의 수재들이 많이 보길 바랍니다.

지금 우리의 삶에 많은 변화를 주고, 앞으로도 영향을 끼칠 인물 평전.
네이버 기자 평론가 평점이 5점인데, 이게 우리 기자 평론가들 수준입니다.

한국도 이런 천재가 나오고, 이런 훌륭한 영화도 만들면 좋겠어요.

- 줄거리 -
맨발로 교정을 거니는 괴짜, 자유로운 영혼의 히피였던 젊은 시절의 잡스. 대학을 자퇴하고 절친 스티브 워즈니악과 자신의 집 차고에서 '애플'을 설립해 세계 최초로 개인용 컴퓨터를 세상에 내놓는다. 그 후 남다른 안목과 시대를 앞선 사업가적 기질로 애플을 업계 최고의 회사로 만들며 세계적으로 주목 받는 CEO로 승승장구한다. 하지만 그것도 잠시, 혁신과 완벽주의를 고집하던 그의 성격으로 결국 자신이 만든 회사에서 내쫓기게 되면서 인생에서 가장 큰 좌절감에 사로잡힌다.

그리고 11년 뒤, 스티브 잡스 퇴임 후 하락세를 걷던 애플을 구원하기 위해 돌아온 잡스는 다시 한번 세상을 뒤흔들 혁신을 준비한다.

2013. 8. 17

나폴라

Napola-Elite Für Den Führer, Before the Fall

감독 | 데니스 간젤
출연 | 막스 리에멜트, 톰 쉴링
개봉 | 2004 독일

독일은 반성하고, 10년 전 영화를 수입해서 극장에서 보게 해준 수입자가 고마울 따름이고. 우리 군대 문화도 요사이는 개선되었는지.

잔잔하게 강요하지 않고 Nazi 시대를 고발합니다.

한국 제목이 National Political Academy 의 약자이고,
원래 제목은 〈Hitlers Elite〉입니다.
감독의 할아버지가 이 학교 교사였답니다. 학교는 종전(終戰) 땐 Nazi 친위대인 SS가 직접 관장했고요.

- 줄거리 -

1942년, 프리드리히는 엘리트 소년 사관학교인 '나폴라'에 권투 특기생으로 입학하게 된다. 아버지의 반대에도 불구하고 프리드리히는 이 입학이 지긋지긋한 가난한 삶과의 이별이며, 신분 상승의 좋은 기회로 여긴다. 하지만 정작 그의 앞에 펼쳐진 '나폴라'에서의 생활은 나치의 엄격한 규율과 강요된 정신교육만 있을 뿐이다. 이때, 자신과 같은 생각들로 적응하지 못하는 알브레히트를 만나게 되고, 둘도 없는 친구가 된다.

그리고 어느 날, 한 사건으로 인해 알브레히트는 자살하고 만다.
절규하는 프리드리히, 그리고 아무도 위로하지 않는 친구의 죽음!
과연 이 전쟁은 누구를 위한 전쟁인가?!

메트오페라
아이다
Aida

지휘 | 파비오 루이지
연출 | 소니아 프리셀
출연 | 로베르토 알라냐, 류드밀라 모나스티르스카
개봉 | 2013

2막 개선 장면은 장대하고, 압권이고, Met만이 만들 수 있고.

동원 인원과 무대 장치가 대단합니다.

요사이 이집트 정치적 진통이 심합니다. 슬기롭게 화합하길 바랍니다.

- 줄거리 -
이집트와 에티오피아의 국경분쟁이라는 정치적 배경에서 시작. 이집트의 개선장군인 라다메스와 전쟁 포로로 잡힌 에티오피아 공주 아이다와의 사랑과 긴장감을 다룬 대형 작품으로 뉴욕 메트로폴리탄 오페라 극장의 모든 무대장치와 인력을 총동원하여, 블록버스터급의 걸작을 연출했다.

애수哀愁
Waterloo Bridge

감독 | 머빈 르로이
출연 | 비비안 리, 로버트 테일러
개봉 | 1940 미국

클래식이 무엇인지 알려주는 작품.

너무나 유명한 영화를 흑백 화면으로, 지난 5월에 개관한 명보실버극장에서 보았습니다. 신영균 선생이 기부한 명보극장은 화면도 좋고, 의자 시설도 좋습니다.

신데렐라 이야기이지만, 비극으로 끝납니다.
먹고 사는 문제가 무엇인지 절실합니다.

트렌치코트 매력이 철철 넘칩니다. 워털루 다리가 세계적 명소가 되었습니다.

- 줄거리 -
영국이 독일에 선전포고를 한 1939년 9월 3일 저녁, 안개 자욱한 런던의 워털루 다리 위에 한 대의 지프가 멎는다. 로이 크로닌(로버트 테일러) 대령. 그는 프랑스 전선으로 부임하기 위해 워털루 역을 향해 달리는 중이었다. 군인다운 단정한 매무새엔 기품이 넘쳐 보였으나, 어딘가 얼굴엔 쓸쓸한 표정이 어려 있었다. 그는 48살이 된 그 날까지도 독신으로 지내고 있었다. 그는 차에서 내려 서서히 워털루 다리 난간으로 간다. 난간에 기대어 선 그는 호주머니에서 조그만 마스코트를 꺼내 든다. 일생을 통하여 언제고 잊을 수 없는 마스코트. 그의 눈앞으로 슬픈 사랑의 추억이 서서히 물결을 이루며 다가온다.

마지막 4중주
A Late Quartet

감독 | 야론 질버맨
출연 | 필립 세이모어 호프만, 크리스토퍼 월켄,
캐서린 키너, 마크 이바니어
개봉 | 2012 미국

음악이 좋고, 시와 그림도 접목하고. 그러나 그렇게 쉽게 갈등이 해결될까?
요사이 영화 별로 볼 만한 것이 없었는데, 근래의 수작(秀作).

단체의 결성과 유지의 어려운 점들과 음악에 대한 견해 차이 등이 깊이 있게 잘 묘사됨.
베토벤의 현악 사중주 14번 Opus 131 해석이 돋보입니다.

원제목의 'Late'의 번역이 마지막인데, 다른 의미일 수도 있네요.
우리는 마지막이라는 단어를 너무 남용합니다.
일본과 중국에선 어떻게 번역했는지 궁금합니다.

참 요사이 김기덕 감독의 영화 모자 관계 때문에 말이 많은데,
이 영화에선 모녀 관계 때문에 문제가 생기네요.

- 줄거리 -
나이든 단원의 파킨스씨 병으로 25년간 지속한 4중주단이 해체될 지경이 되면서 그동안에 숨어 있던 갈등이 모두 표출되나, 좌장의 출중한 지도력으로 잘 봉합되고 마무리된다는 이야기.

2013. 7. 13

베로나 오페라 페스티벌 공연 실황

라 트라비아타

La Traviata

감독 | 후고 데 아나
출연 | 프란체스코 데무로, 에르몬넬라 야호, 블라디미르 스토야노브
개봉 | 2011 독일

보고, 듣고, 즐기세요.

올해가 베르디 탄생 200주년이랍니다.
이를 기념해 2011년 베로나 오페라 페스티벌 공연 실황을 상영 중입니다.

너무 좋아서 2005년 잘츠부르그판 DVD를 샀는데, 박종호 씨 평이,
"세계적으로 오페라 DVD의 열풍을 가져온 베스트셀러 영상"이랍니다.

극장에 사람 많고, 가족 동반한 경우도 많네요.
참고로 한국에서 최초로 공연된 오페라랍니다.

- 줄거리 -

사교계 여성 비올레타와 그를 연모하는 알프레도 제르몽의 가슴 아픈 비극적 사랑이야기.

사랑을 위해 자신을 희생하며 알프레도의 곁에 있는 비올레타에게 알프레도의 아버지가 찾아와 이별할 것을 강요한다. 눈물의 편지를 남기고 떠난 비올레타, 그리고 이 사실을 알지 못하는 알프레도는 그녀에게 복수하려고 다짐한다. 결국 이 모든 사실을 알게 되고 다시 그녀의 곁에 가지만, 알프레도에게 남은 것은 병으로 죽어가는 비올레타의 마지막 모습일 뿐인데….

메트오페라
가면무도회
Un Ballo in Maschera

지휘 | 파비오 루이지
연출 | 데이비드 알덴
출연 | 드미트리 흐보로스토프스키, 마르첼로 알바레즈, 손드라 라드바노프스키, 캐슬린 킴
개봉 | 2012

이야기 구성도 좋고, 가수들 노래도 너무 잘 부르고, 무대 장치도 Met고.

흔하디 흔한 삼각관계(love triangle) 이야기지만 구성이 단단합니다.
또 정치적인 상징성도 있습니다. 그래서 스톡홀름판과 보스턴판 두 종류로 이야기를 변화시켰답니다.
테너 가수의 품성이 신사라 많은 테너 가수가 주인공 역할을 하고 싶어했답니다.

여러 번 이야기하지만, Met Opera를 영화로나마 감상할 수 있어 좋습니다.

개인적으로 이제 오페라 감상을 시작해서 좋고, 이는 박종호 씨의 책《불멸의 오페라》덕입니다.

- 줄거리 -
1792년 실제로 일어난 국왕 암살 사건.
스웨덴 국왕인 구스타보 3세는 그가 가장 신임하는 백작이자 친구인 앙카스트룀의 아내인 아멜리아를 사랑하게 된다. 그러던 어느 날 둘의 사랑을 앙카스트룀이 알게 되고, 가면무도회장에서 구스타보에게 복수를 하게 된다. 죽음으로 용서를 구하는 비극적인 결말의 오페라.

메트오페라
티토 황제의 자비
La Clemenza di Tito

지휘 | 해리비켓
연출 | 장-피에르 포넬
출연 | 주세퍼 필리아노티, 바바라 프리톨리,
엘리나 가랑차, 케이트 린제이, 루시 크로우
개봉 | 2013

이야기가 좋고, 노래는 더욱 좋고. 역시 Met Opera고, 또 모차르트입니다.

모차르트 생애 마지막 오페라 아리아로, 로마 황제 티투스 일화가 주제.
티투스 관련 오페라는 40편이 넘을 정도로 인기랍니다.

1791년 프라하 국립극장에서 상영되고, 레오폴트 2세 대관식 축하 작품이랍니다.

사랑, 충성, 배신 등을 주제로 대본이 출중합니다.
무대 장치도 장엄합니다.

요즘에 메트로폴리탄 오페라의 성공 이야기는
2013. 6. 15 조선일보 토요일 판에 자세히 나와 있습니다.

- 줄거리 -
신성 로마제국 황제 티투스가 재위하던 시대를 배경으로 왕에게 덕행을 권하고 민중의 걱정을 가라앉히기 위한다는 교훈을 담은 시대적인 오페라 작품. 세계 오페라를 석권한 전설적인 명감독 장-피에르 포넬의 무대 연출을 선사한다.

2013. 5. 8

자전거 도둑

The Bicycle Thief

감독 | 비토리오 데 시카
출연 | 리아넬라 카렐, 포스토 구에르조니
개봉 | 1948 이탈리아

보는 동안 내내 가슴이 눌리고, 먹먹하고….

친구들과 모여 DVD로 보았지만, 예전에 시네마테크에서 큰 화면으로 봄. 영화사에 길이 남을 명작. 이탈리아 문화의 우월함을 증명하는 영화.

- 줄거리 -

제2차 세계대전 패전 직후 로마가 배경.

실업자 주인공이 취직하는데, 자전거가 필수 조건이어서 일곱 장의 새 이불보를 전당 잡혀, 이미 전당 잡혔던 자전거를 찾아 첫 출근을 한다.

벽보를 붙이는 작업 중 자전거를 도둑맞고, 친구들과 아들도 같이 찾으러 나섰으나 결국 못 찾는다.

절망 끝에 남의 자전거를 훔치려다 실패하고 수모를 당한다.

경찰의 태도, 점을 보는 나약한 마음과 자전거 장물시장 등 패전 직후 마음이 가난한 이태리 상황을 흑백으로 잘 묘사.

음악도 처량하고, 비 내리는 장면들이 슬프다.

6·25 전쟁 중 이 영화가 만들어진 1948년생 우리 세대를 키워주신 부모님들, 아마 이 영화 주인공 같은 심정이셨을 것이다.

가족의 나라

かぞくのくに, Our Homeland

감독 | 양영희
출연 | 아라타, 안도 사쿠라, 양익준
개봉 | 2012 일본

無言.

영화 보는 중 많이 울었어요.

- 줄거리 -

오빠가 집에 왔다, 25년 만에 감시자와 함께.
우리 가족의 조국이라는 북으로부터….

나는 말했다. "당신도, 당신의 나라도 싫다…."
감시자가 말했다. "그 나라에서 네 오빠도, 나도 죽을 때까지 살아야 한다."
오빠가 말했다. "넌 여행하면서 많은 것을 보고, 하고 싶은 일을 하며 살아라."

조국이라 강요 당한 나라.
그곳엔 소중한 내 가족이 있다.

2013. 3. 23

링컨
Lincoln

감독 | 스티븐 스필버그
출연 | 다니엘 데이 루이스, 조셉 고든-레빗, 토미 리 존스, 샐리 필드
개봉 | 2012 미국

우린 아직 많이 배워야 하고.

150년 전 미국의 내전 중 대통령의 정치력이 소설로 나오고,
이를 영화의 귀재(鬼才) 스필버그가 좋은 배우를 기용하여 영화로 만듦.

노예 해방과 종전(終戰)이라는 두 가지 어려운 선택에서 노예 해방이라는 지고(至高)한 목표를 달성하기 위해, 위대한 협상을 진행하는 과정을 절묘하게 그렸고, 법 앞에 만인이 평등해야 한다는 주장이 좋습니다.

하지만 모든 일에 무조건 평등해야 한다고 아직도 생각하면서,
자신을 불행의 구렁텅이에 빠뜨리는 사람들이 안타깝지만 우리 주변에 많이 있습니다.

원 소설의 제목이 《Team of Rivals: The Political Genius of Abraham Lincoln》이라는데, 나는 이 영화 제목은 'The 13th Amendment(수정헌법 제13조)' 라고 해도 될 것 같네요.

미국의 내전은 150년 전이고 한국의 내전은 60년 전입니다.
상처가 치유되려면 아직도 한 세대는 더 걸릴 것 같습니다.

이 영화 안 보면 후회하십니다.

2013. 2. 2

플래시 댄스
Flashdance

감독 | 애드리안 라인
출연 | 제니퍼 빌즈, 마이클 누리, 벨린다 바우어, 리리아 스칼라
개봉 | 1983 미국

신데렐라 영화지만, 춤과 노래 너무 좋고, 신나고.

용접공인 여자가 회사 사장과 사랑을 하게 되고,
춤을 추고 싶은 꿈을 이루게 된다는 이야기.
원래 신데렐라 이야기와 조직폭력 이야기는 별로이고,
삶에 크게 도움이 된다고는 생각하지 않지만, 이 영화와 〈대부〉는 예외이고.

자전거와 Porsche 자동차 주행 장면 인상 깊고,
끝부분의 춤과 노래는 흥겹고 신나네요.

집에 OST, 옛날 LP판이 아직 있네요.

- 줄거리 -
복잡한 대도시 피츠버그의 한 제철 공장의 용접공으로 일하면서, 밤에는 나이트클럽의 플로어 댄서로 일하는 18세의 소녀 알렉스 오웬스(제니퍼 빌즈)는 도시의 삭막함과 비정한 현실 속에서도 고난을 극복하며 댄서로서의 꿈을 키우고 있다.

오웬스의 꿈과 재간을 본 그 회사 사장인 닉(마이클 누리)은 그녀의 꿈을 실현시켜 주기로 결심하고 물심양면으로 도와준다. 그러는 동안 오웬스와 닉은 사랑하는 사이로 발전하게 되고, 열심히 노력한 결과 자신이 창출한 무용으로 재간을 인정받아 자신의 꿈을 실현하게 된다.

더 헌트

The Hunt

감독 | 토마스 빈터베르그
출연 | 매즈 미켈슨, 토머스 보 라센, 수시 울드, 아니카 베데르코프
개봉 | 2012 덴마크

작금의 청문회 사태와 비슷하고,
집단에 기댄 개인의 비열함이 잘 그려지고.

이혼 후, 아들과 헤어져 고향으로 돌아와 유치원 선생이 된 남자가 여자 어린아이의 거짓말로 인생이 망가진다는 이야기.

집단의 광기와 이에 편승한 개인들의 비열함이 잘 그려지고, 성폭행의 문제가 부각 되고, 결국은 화해로 끝납니다.

마지막 장면의 사냥은 조금 더 의미를 부여하려 한 듯하지만, 없어도 될 듯. 하기야 조금 난해해야 평론이 많아지는 점을 노렸을지도.

남자 주연배우 요사이 자주 봅니다. 배우들의 얼굴 표정 연기가 대단합니다.
'어린아이는 거짓말을 안 한다.'
'신문기사는 확실해.'
일반적으로 통용될 수 있지만, 꼭 맞지는 않을 수도 있습니다.

- 줄거리 -
루카스를 둘러 싼 한 소녀의 사소한 거짓말이 전염병처럼 마을로 퍼지고, 억울한 누명을 쓰게 된 루카스는 마을 사람들의 불신과 집단적 폭력 속에서 자신의 삶을 지키기 위한 외로운 싸움을 시작한다.

아르고

Argo

감독 | 벤 애플렉
출연 | 벤 애플렉, 존 굿맨
개봉 | 2012 미국

나라가 할 일이 무엇인지 알려주고.

실화인 1979년 Iran 혁명 후 캐나다 대사관으로 피신한 미국 외교관 6명의 구출 작전이 비밀 등급이 해제되어 영화로 만들어졌습니다.

미국 CIA의 성공 이야기입니다. 그동안은 실패 이야기가 많았죠.
우리나라 정보계통 수장, 사진이나 찍고 다닌 사람 한때 있었지요. 국격이 달라요.

일요일 분당 CGV 오리에서 보았는데, 극장이 꽉 찼습니다. 조지 클루니가 제작했고요. 아카데미 계절이 왔어요. 좋은 영화들 개봉되겠지요.

- 줄거리 -
1979년, 테헤란에 있는 미 대사관이 성난 시위대에게 점령당하자 6명의 직원들은 캐나다 대사관저로 은밀히 피신한다. 이들을 구하기 위해 CIA의 구출 전문요원 토니 멘데스(벤 에플렉)가 투입된다. 자신의 아들이 보고 있던 영화 혹성탈출에서 힌트를 얻은 토니 멘데스는 '아르고'라는 제목의 가짜 SF영화를 제작하는 영화사를 세워 인질을 구출하는 기상천외한 작전을 세운다.

코드네임 제로니모
Code Name Geronimo

감독 | 존 스톡웰
출연 | 캠 지갠뎃, 윌리암 피츠너, 로버트 네퍼, 캐슬린 로버트슨
개봉 | 2012 미국

보세요. 왜 작전명이 Geronimo일까?
끝없는 증오, 아니면 무인으로서의 대접?

빈 라덴(Bin Laden)을 추적, 살해하는 과정을 실시간으로 실감나게 재현합니다. CIA가 찾아내고, 해군의 Team Six가 최종 작전을 수행합니다.

빈 라덴 처리를 묻자, 지시가 KIA(Killed In Action)입니다.
우리는 Somalia 해적 살려, 데리고 와서 머리 아프지요.
지금 60명의 사형수는 어찌 되나요?

네이버 평점이 평균 5.5인데, 점수가 10점, 1점으로 극으로 갈리는데,
정말 '알바'가 있나 봅니다.

비글로우(Kathryn Bigelow)의 〈Zero Dark Thirty(2012)〉도 기대돼요.

2012. 10. 10

스시 장인: 지로의 꿈

Jiro Dreams Of Sushi

감독 | 데이빗 겔브
출연 | 오노 지로, 수키야바시 오노
개봉 | 2011 미국

9,000원으로 450,000원짜리 스시를 즐기고.

동경 긴자에 있는 '스키야바시 지로' 스시집 주인인 81세의 오노 지로(小野次郎)의 삶을 그린 Documentary임.

장인의 진정한, 가치 있는 의미를 알려줍니다.
일에 몰두한, 한 삶을 잘 그렸습니다.
즐기기보단 배우게 됩니다.

우리 요식업 종사자는 물론, 많은 사람이 보고 느끼면 좋겠습니다.

- 줄거리 -

도쿄 번화가 중심인 긴자의 오피스촌 지하에 있는 스시 레스토랑 '스키야바시 지로'. 이곳에서는 오늘도 85세의 스시 장인 오노 지로가 피곤함도 잊은 채 완벽한 스시를 만들기 위해 고군분투하고 있다. 비록 단 10명의 손님만이 앉을 수 있는 작고 소박한 공간이지만 이곳은 세계적인 레스토랑 평가서 미슐랭가이드가 인정한 최고등급 레스토랑이다. 그리고 오노 지로는 미슐랭가이드 역사상 최고령 3스타 셰프의 기록을 갖고 있다.

평생을 그래왔던 것처럼 인생의 마지막 날까지 오늘보다 내일 더 나은 스시를 만드는 것이 바로 지로 할아버지의 꿈이다.

2012. 8. 30

히스테리아
Hysteria

감독 | 타니아 웩슬러
출연 | 매기 질렌할, 휴 댄시, 조나단 프라이스, 펠리시티 존스
개봉 | 2011 영국, 프랑스, 독일, 룩셈부르크

한 젊은 남자 의사의 손 마비 불구가, 수많은 여자의 불구를 치유하게 되고.

실화.
젊고 멋있는 실력 있는 남자 의사가 잘 나가다가 손 마비의 불구로 앞길이 막히고, 다행히 산업혁명이 이룬 전기를 이용한 새로운 기계를 발명, 그리스에서 유래되었다는 장구한 병 히스테리아(Hysteria)를 치유하게 됨.

경쾌하고, 장난스럽고, 사랑 이야기도 버무리고,당찬 영국의 여성 해방가도 그립니다. 파트너와 같이 보세요.

사족: 남자가 꿈꾸는 환상의 여성 표정 등 몇 장면만 없으면 청소년 관람가인데….

- 줄거리 -
상류사회 여성들을 중심으로 히스테리아가 만연하던 19세기 빅토리아 시대 런던. 항상 새로운 치료법 연구에 매진하던 혈기왕성한 젊은 의사 모티머. '히스테리아' 전문 병원에 취직한 그는 현란한 손재주로 상류층 부인 사이에서 명성을 얻으며 병원의 절대적 신임을 받는다.

그러나 빛나는 순간도 잠시, 손의 마비증세로 병원에서 쫓겨날 위기에 처하게 되자 사람의 한계를 뛰어넘는 치료 도구 개발에 전념하게 되는데….

2012. 7. 17

미드나잇 인 파리
Midnight In Paris

감독 | 우디 앨런
출연 | 오웬 윌슨, 마리옹 꼬띠아르, 레이첼 맥아담스, 애드리안 브로디, 카를라 브루니, 케시 베이츠,
개봉 | 2011 미국, 스페인

서울의 Golden Age도 누군가, 언젠가는 영화로 만들 수 있을까?
1920년대 파리가 세계 문화 예술의 중심임을 증명합니다.

벨 에포크(La Belle Epogue, 1890-1910의 파리, 패션의 전성기)의 Paris도 감초로 나옵니다.
미국의 재능이 파리에 모입니다.

파리 관광도 되고, 1969년 영화감독을 시작한 Allen 씨 재능이 다시 살아났습니다. 등장인물, 인용되는 대사 등을 많이 알아야 문화인입니다.

- 줄거리 -
약혼녀 이네즈(레이첼 맥아덤스)와 파리로 여행 온 소설가 길(오웬 윌슨).

길은 혼자 매일 밤 12시, 시간을 넘나드는 로맨틱 야행이 시작된다! 열두 시 종이 울리는 순간 홀연히 나타난 클래식 푸조에 올라탄 길이 도착한 곳은 놀랍게도 1920년대 파리! 그곳에서 그는 평소에 동경하던 헤밍웨이, 피카소, 달리 등 전설적 예술가들과 친구가 되어 매일 밤, 꿈 같은 시간을 보낸다.

그러던 어느 날, 헤밍웨이와 피카소의 연인 애드리아나(마리옹 꼬띠아르)를 만나게 된 길은 예술과 낭만을 사랑하는 매혹적인 그녀에게 빠져들게 되는데…. 과연, 세기를 초월한 사랑은 이뤄질 수 있을까?

더 스토닝

The Stoning Of Soraya M.

감독 | 사이러스 노라스테
출연 | 쇼레 아그다쉬루, 모잔 마르노,
제임스 카비젤
개봉 | 2008 미국

인간의 비열함과 집단 광기를 너무 잘 그리고.

1986년 이란의 시골에서 일어난 돌팔매 사형(stoning) 이야기가,
1990년 책으로 알려지고, 2008년 미국에서 영화로 만들어지고.

촬영은 이란에서 못 했답니다. 인도 영화 〈아쉬람〉도 인도에선 촬영 못 했다는데, 여성의 지위에 관한 비슷한 주제입니다.

광기가 종교의 탈을 쓰니까 너무 잔인하고 무섭습니다.

보세요.

- 줄거리 -
이란의 작은 마을, 어딘가로 황급히 발걸음을 옮기던 여인 자흐라쇼레(쇼레 아그다쉬루). 마을을 지나는 한 남자(제임스 카비젤)를 발견하고 "당신이 꼭 들어야 할 사실이 있다"며 그를 붙든다. 프랑스 저널리스트인 그는 낯선 사람을 감시하는 마을 사람들의 시선을 피해 간곡한 그녀의 목소리를 녹음기에 담기 시작하는데….

메트오페라
사티아그라하
SATYAGRAHA

지휘 | 단테 안졸리니
연출 | 필립 글래스
출연 | 리처드 크로프트, 레이첼 러킨, 킴 조세프스, 알프레드 워커
개봉 | 2011 미국

모든 면에서 너무 좋았고, 특히 동양적이고.

간디의 남아프리카에서의 인도인 지위 향상을 위한 노력을
이주 미국 현대 음악가 필립 글래스가 오페라로 만듦.
마틴 루터 킹도 등장, 대비되고.
간디가 위대한 지도자임을 알게 됨.

Met의 모든 분야가 세계 정상임이 증명되고,
이를 화면으로나마 보고 듣는 우리 세대가 행복하고.

- 줄거리 -
간디의 비폭력 저항운동을 현대음악가 필립 글래스가 그려낸 뉴욕 메트로폴리탄 오페라 공연실황.

2012. 4. 19

킹메이커
The Ides Of March

감독 | 조지 클루니
출연 | 라이언 고슬링, 조지 클루니
개봉 | 2011 미국

흥미진진. 우리도 12월에 선거하고, 메모 있었을까?

미국 대통령 선거 중 캠프에서 일어날 수 있는 일을 극화했는데,
상당히 사실적입니다.
원제목은 Julius Caesar의 암살일로 예정된 3월 15일을 의미하고, 오하이오 주 민주당 예비선거(Primary)도 이날 하는 모양입니다.
《손자병법》에 언급된 많은 작전이 나옵니다.

조지 클루니도 클린트 이스트우드 감독의 반열에 오를 듯 기대됩니다.
원작은 연극 〈Farragut North〉인데, 이는 많은 정치 컨설턴트가 상주하는 워싱턴 DC의 전철역이랍니다.

- 줄거리 -
잘생긴 외모에 안정된 가정을 가진 주지사 마이크 모리스(조지 클루니)는 완벽한 민주당 차기 대선후보로 손꼽히며 대선 후보 경선에서 승승장구하고 있다. 이번 경선을 통해 명실공히 킹메이커로 떠오른 스티븐(라이언 고슬링)은 같은 선거 캠프에서 일하는 매력적인 인턴 몰리(에반 레이첼우드)의 유혹에 깊은 관계를 맺게 되고, 어느 날 몰리와 함께 밤을 보내던 중 우연히 그녀에게 걸려온 모리스 주지사의 전화를 받는다.
　한편, 그의 능력을 눈여겨보고 있던 상대 후보 진영의 본부장 톰 더피(폴 지아마티)가 은밀히 접근해 오고….

2012. 3. 22

말하는 건축가
Talking Architect

감독 | 정재은
출연 | 정기용, 승효상, 유걸
개봉 | 2011 대한민국

한국 다큐의 지평을 넓히고.

미술을 전공하고, 건축을 한 건축가의 이야기.
이제 생이 얼마 남지 않은 때, 일생의 전람회를 준비하는 과정을 그렸고,
정기용은 주류가 아니지만, 공공에 대한 의식을 많이 가지고,
목욕탕이 있는 주민센터와 기적의 도서관이 대표작이 되고,
나 개인적으론 1978년 수단에서 며칠 같이 지냈고,
그때 원시(原始)에 대한 향수가 엄청난 사람이라고 느꼈고,
죽음을 담담히 받아들이지만, 슬픕니다.

- 줄거리 -
건축가 정기용은 대장암 판정 후, 자신의 건축세계를 담은 일민미술관 전시회 및 후배양성에 여전히 바쁘기 그지없다. 무주 공공프로젝트, 기적의 도서관 등 나눔의 미덕을 아는 공공건축의 대가이자 건축계의 이단아 故정기용은 마지막까지 사람과 자연을 향하는 건축을 알리고자 하지만, 시간은 얼마 남지 않았는데…. 내가 사는 곳은 비록 월셋방일지라도, 모두가 사는 곳은 같이 나누는 것. 그가 전하는 마지막 감동의 여정이 펼쳐진다.

철의 여인

The Iron Lady

감독 | 필리다 로이드
출연 | 메릴 스트립, 짐 브로드벤트
개봉 | 2011 영국

우리 정치인들이 보고 반성해야 하고, 헌법 46조도 지키고.

영국 소도시 식료품점 둘째 딸로 태어나, 남자들만의 세계였던 의회에 입성, 영국 최초의 여성 총리가 된 마가렛 대처의 이야기.

영화는 말년의 치매 상처 속에서 죽은 남편에 대한 환청과 환상을 교차시키며 진행됩니다.

우리에게도 위대한 지도자가 필요한 때입니다.

- 줄거리 -

스물여섯의 야심만만한 옥스포드 졸업생 마가렛은 세상을 바꿔보겠다는 부푼 꿈을 안고 지방 의회 의원 선거에 나가지만 낙선하고 만다. 실망한 그녀를 눈여겨 본 사업가 데니스는 특유의 유머와 따뜻함으로 그녀를 사로잡으며 평생의 후원자가 되기로 약속하고, 행복한 결혼생활을 시작한다. 남편의 전폭적 지지 속에 마가렛은 꿈에 그리던 의회 입성에 성공하고, 곧이어 모두가 불가능하리라 여겼던 영국 최초의 여성 총리로 선출된다. 연거푸 3선에 성공, '철의 여인'이라 불리며 막대한 권력과 세계적 정치 지도자로서의 위상을 떨치던 그녀는 자신의 신념과 정책을 당당히 추진하지만 이에 반대하는 이들과의 격렬한 대치가 이어지고 각료들은 11년간 지켜온 총리직에서 물러나라고 종용하기에 이르는데….

팅커 테일러 솔저 스파이

Tinker Tailor Soldier Spy

감독 | 토마스 알프레드슨
출연 | 톰 하디, 게리 올드만, 베네딕트 컴버배치, 마크 스트롱, 콜린 퍼스, 스티븐 그레이엄
개봉 | 2011 영국, 프랑스, 독일

우리도 언젠가는 이런 소설, 영화로 만들 수 있다는 희망을 가집시다.

영국 정보부에 있는 이중첩자 실화를 냉전시대 스파이 소설의 대가인 존 르 카레(John Le Carre)가 소설로 쓰고, 영국 TV 시리즈로 방송된 것을 영화로 만들었습니다.

이중첩자 4명은 확신범으로 영국 최고의 대학을 나오고, 영화에선 게이로 묘사됩니다.

흐름이 심각한데, 네이버 평이 아주 갈립니다. 10점도 많지만, 1점도 많고, 1점 평자는 10점을 알바라고 비난합니다. 현재 평점은 수많은 1점에도 불구하고 8.14점입니다. 이것도 양극화인지요?

1981~1983년 영국에서 2년 체류해서 더욱 실감 나게 보고, 영국 토목인회 회원 될 때 런던의 헌책방에서 저자의 《Smiley's People》을 1파운드에 샀습니다.

보세요. 정말 꼭.

빠삐용
Papillon

감독 | 프랭크린 J. 샤프너
출연 | 스티브 맥퀸, 더스틴 호프만
개봉 | 1973 미국, 프랑스

명작, 다시 보니 더욱 좋고.

1906년 앙리 샤리에르(Henry Charriere)의 체험적 소설의 영화.
프랑스령 기아나(French Guyana)에서의 수형 생활, 간수의 잔혹함, 친구의 우정이 잘 묘사되고.

스티브 맥퀸과 더스틴 호프만이 명배우인 것을 알게 됩니다.

탈출의 의지 정말 대단합니다. 원작엔 11년간 8번 탈출을 시도했답니다.

1974년 한국에서 개봉되고, 1990년 재개봉 되었다가 이번에 낙원동에서 다시 상영합니다.

사족: 옛날 일기를 보니 1979년 2월 수단의 카르툼(Khartoum)에서 보았네요. 카루툼 극장은 지붕이 없습니다. 비가 1년에 며칠 밖에 안 내립니다.

그리고 그때 가족석이 있었어요.

서칭 포 슈가맨
Searching for Sugar Man

감독 | 말릭 벤젤룰
출연 | 말릭 벤젤룰, 로드리게즈
개봉 | 2011 스웨덴, 영국

이야기가 훈훈하고, 노래 가사도 좋아요.
실화. Sugar Man이라고 알려진 가수 로드리게즈(Sixto Rodriguez)의 인생 이야기.

1961년 디트로이트 흑인 폭동 후 'The Sewer'라는 바에서 노래하던 가수가 두 장의 앨범을 제작했으나 실패함.

1970년대 인종차별 정책(Apartheid)으로 왕따 당하는 South Africa에서 그의 노래가 크게 히트치나 가수는 죽었다고 소문나고, 그를 찾아낸 열혈 팬 덕에 1998년 South Africa에서 실황 공연하여 크게 성공했다는 이야기.

성실하면 기회가 옵니다.
11월 5일 중앙일보 문화스포프부 양성희 차장 기사 참조하세요,

《TIME》 2013. 1. 28 일자 p.52 '10 Questions'에 주인공 Sixto Rodriguez 인터뷰 있습니다.

떴어요.
하기야 2012년 Psy가 제일 떴지요.

2012. 1. 25

신과 인간

Of Gods And Men

감독 | 자비에 보브와
출연 | 램버트 윌슨, 미쉘 롱스달
개봉 | 2010 프랑스

왜, 그리고 무엇이, 그들이 죽음을 택하게 했을까?

1996년 Algeria 내전 때 반정부 Islam 단체에 살해된 7명의 수사와 1명의 의사 이야기입니다.

무겁습니다.
영화 내내 부르는 영가도 마음에 와 닿습니다.
Tchaikovsky의 음악과 고뇌의 표정 조화는 압권입니다.
각각의 표정에서 로댕의 카레의 시민 표정이 읽혔습니다.

대우건설의 강대현 부사장께서도 1994년 10월 Algeria에서 불의의 사고를 당해 느끼는 바가 많았습니다.

2010 Cannes 영화잔치 대상 작품입니다.
Catholic 신자분들 꼭 보세요.

2011. 12. 8

머니볼

Moneyball

감독 | 베넷 밀러
출연 | 브래드 피트, 조나 힐
개봉 | 2011 미국

보세요.

오랜만에 좋은 영화 봤습니다.
실화에 바탕을 둔 야구 이야기인데, 경영 및 인간관계에 관련된 이야기입니다.

미국 야구는 개막식 때 국가를 연주하던데,
우리는 이 경우 물병 날아오지 않을까 걱정됩니다.

승리의 기준이 출루율이던데, 맞는지요?
우리의 프로 경기도 투명하지 않으면, 오히려 퇴행하는데, 걱정입니다.

2012년 2월 프로경기가 노름판이 된 우리의 현실이 안타깝습니다.

꼭 보세요.

2011. 9. 19

이오지마에서 온 편지

Letters From Iwo Jima

감독 | 클린트 이스트우드
출연 | 와타나베 켄, 니노미야 카즈나리
개봉 | 2006 미국

질 수밖에 없지만, 그래도 지켜야 하고.

Clint가 2006년 〈아버지의 깃발(Flags of Our Fathers)〉과 동시에 만든 작품.

우리나라에서 상영이 안 되어 DVD로 보았습니다. TV로 본 영화는 영화평을 안 썼는데, 상영이 안 된 작품이라 씁니다. 다른 이유도 있겠지만, 이런 영화가 흥행이 안 된다고 상영이 안 되는 나라입니다.

질 수밖에 없는 전쟁의 고뇌가 너무나 처절합니다.

나이 들면 얻는 것보다는 지키고,
지키는 것보다는 잃는 게 많을 수 있습니다.
그러나 잘 지킬 수도 있겠지요.

일본 군국주의의 광기, 정말 미쳤나 봅니다.
DVD로 꼭 보세요.

2011. 7. 6

음모자
The Conspirator

감독 | 로버트 레드포드
출연 | 제임스 맥어보이, 로빈 라이트, 케빈 클라인, 에반 레이첼 우드, 대니 휴스턴, 저스틴 롱
개봉 | 2010 미국

법을 지키려는 노력이 돋보이고.

Lincoln 살해에 가담했다고 사형당하는 여관 여주인의 무죄를 확신하며, 시대 분위기에 반하여 피고를 보호하는 변호사의 이야기입니다.

시대 흐름에 역행하면서, 헌법과 법치를 주장할 수 있는 용기가 대단합니다.

올해는 미국 내전 발발 150년입니다.
미국 독립기념일인 7월 4일자 《TIME》 Cover 제목이
"Does the U.S. Constitution Still Matter?" 입니다.

7월 4일 집사람과 보았고, 평점 10점입니다.
난 정말 좋았습니다.

- 줄거리 -
링컨 대통령의 목숨을 앗아간 한 발의 총성! 암살에 공모한 8명 중 1명은 두 자녀를 둔 평범한 어머니 메리 서랫(로빈 라이트)이다. 온 나라가 그녀를 향해 분노를 표출하며 유죄로 몰아가고 메리 서랫은 오직 침묵만을 지킨다. 북군의 전쟁영웅 에이큰(제임스 맥어보이)은 오직 직업적 의무를 위해 변호를 맡지만, 점점 메리가 무죄라는 확신이 들면서 불의를 바로잡기 위해 움직이기 시작하는데….

대부
The Godfather

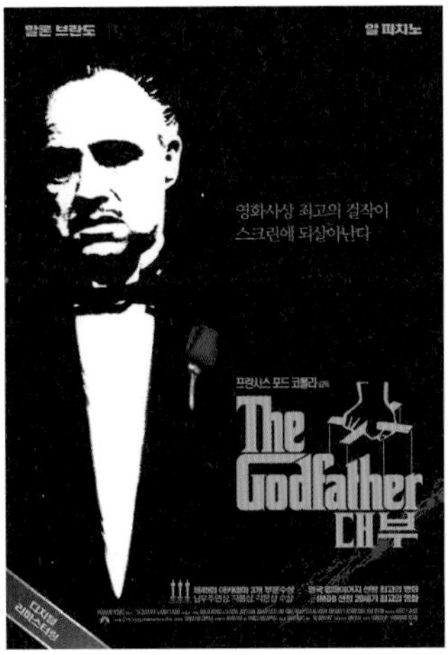

감독 | 프란시스 포드 코폴라
출연 | 말론 브란도, 알 파치노, 제임스 칸,
로버트 듀발
개봉 | 1972 미국

영화론 최고지만, 마피아는 좀 안 그런데.

아마 영화를 이야기하는 사람들이 모두 평가하는 작품평일 것입니다.

네이버 평점이 많은 사람이 10점 만점에 10점을 줍니다.

저도 10점이지만, Mafia 이야기는 너무 미화되었습니다.

전해오는 이야기로 Mafia가 제작자에게 마약과 여자는 안 한 것으로 하고, 주인공이 행복하게 죽음을 맞도록 요구했다고 합니다.

세 시간 잘 즐길 수 있습니다.

2010. 3. 15

아쉬람
Water

감독 | 디파 메타
출연 | 사랄라, 리사 레이, 존 에이브러햄
개봉 | 2005 인도, 캐나다

인도의 비극. 우리도 한 때는 거의 비슷한 수준일 듯.

슬픈 영화입니다.
1938년 인도 배경의 이야기. 인도에서 촬영이 안 되어서 스리랑카에서 찍었답니다. 제작에 캐나다 사람들이 많이 관여한 듯해요.

지금도 크게 나아지지 않은 인도의 여성 지위. 특히 과부들을 배경으로 한 사랑 이야기입니다.

당시 한국의 여성 지위 또한 인도보다 조금은 나았겠지만, 크게 다르지 않았을 것 같은 생각이 듭니다.

운명적인 사랑을 만나지만, 이루지 못합니다. 사연이 애절합니다.
건너지 못할 강입니다.
달빛에 비치는 강이 피안과 대안을 수묵화처럼 그립니다.

이화여대 안에 있는 Momo 극장에서 보았습니다.
네이버 영화평이 마감되었지만, 10점입니다.

DVD로도 보세요.

우리가 꿈꾸는 기적: 인빅터스
Invictus

감독 | 클린트 이스트우드
출연 | 모건 프리먼, 맷 데이먼
개봉 | 2009 미국

넬슨 만델라 위대한 대통령.

만델라 대통령과 남아프리카 럭비팀 'Springboks'의 1995년 Rugby World Cup 우승 이야기입니다.
만델라는 위대한 대통령입니다. 지금 짐바브웨의 무가베(Robert Mugabe)를 보면 크게 대조됩니다. 만델라 대통령은 27년 수형했답니다.
쿠바의 한 정치인은 30년 수감 후 복수에 대해 묻자,
"Revenge is for cowardice."라고 말했답니다.
Clint Eastwood 대단한 감독입니다. 정말 권합니다. 꼭 보세요.
헨리(William E. Henley)의 시 'Invictus' 원문입니다.

Out of the night that covers me,	나를 감싸고 있는 밤은
Black as the Pit from pole to pole,	온통 칠흑 같은 암흑
I thank whatever gods may be	억누를 수 없는 내 영혼에
For my unconquerable soul.	신들이 무슨 일을 벌일지라도 감사한다.
In the fell clutch of circumstance	잔인한 환경의 마수에서
I have not winced nor cried aloud.	난 움츠리거나 소리내어 울지 않았다.
Under the bludgeonings of chance	내려치는 위험 속에서
My head is bloody, but unbowed.	내 머리는 피투성이지만 굽히지 않았다.
Beyond this place of wrath and tears	분노와 눈물의 이 땅을 넘어
Looms but the Horror of the shade,	어둠의 공포만이 어렴풋하다.
And yet the menace of the years	그리고 오랜 재앙의 세월이 흘러도
Finds, and shall find, me unafraid.	나는 두려움에 떨지 않을 것이다.
It matters not how strait the gate,	문이 얼마나 좁은지
How charged with punishments the scroll.	아무리 많은 형벌이 날 기다릴지라도 중요치 않다.
I am the master of my fate:	나는 내 운명의 주인
I am the captain of my soul.	나는 내 영혼의 선장

다시 한번 말씀드립니다. 좋은 영화입니다.

2009. 11. 7

용쟁호투
Enter The Dragon

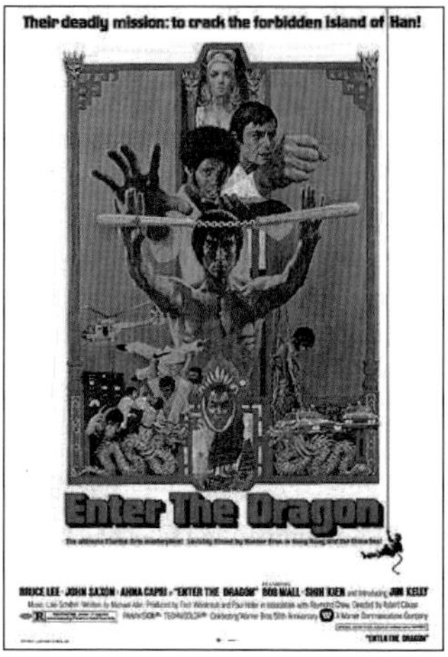

감독 | 로버트 클루즈
출연 | 이소룡, 존 색슨
개봉 | 1973 미국, 홍콩

이소룡의 명작. 홍콩영화의 전성기를 연 작품.

옛날 영화는 평점을 안 올리다가 이제 올립니다.
미국의 제임스 딘과 겨룰 수 있는 인기가,
일찍 죽어서인가요?

- 줄거리 -
미국 정보부는 헤로인을 밀조하고 이를 이용하여 인신매매까지 벌이는 외손잡이 한(쉬 키엔)을 체포하기 위해 소림사 출신의 리(이소룡)에게 도움을 요청한다. 쿵푸 학교로 위장된 한의 요새화된 섬에서 3년마다 열리는 무술대회를 그 기회로 리를 출전케 한다.
처음엔 이소룡은 이를 거절했으나 스승으로부터 누이동생이 한의 보디가드인 오하라(밥 웰) 때문에 자살했다는 충격적인 얘기를 듣고 응징에 나서게 되는데….

2009. 11. 7

2001 스페이스 오디세이

2001: A Space Odyssey

감독 | 스탠리 큐브릭
출연 | 케어 둘리, 게리 록우드
개봉 | 1968 영국, 미국

영화사에 남을 작품. 문명의 의미를 생각하게 만드는 작품.

나는 SF는 별로지만, 이 작품은 대단하다고 평가.
또 이 감독도 별로이지만, 이 작품과 몇은 수작.

- 줄거리 -

인류에게 문명의 지혜를 가르쳐 준 검은 돌기둥의 정체를 밝히기 위해서 목성으로 향하는 디스커버리호 안에는 선장 보우(만케어 둘리)와 승무원 풀(게리 록우드), 전반적인 시스템을 관장하는 인공지능 컴퓨터 할(HAL9000)이 타고 있다. 평화롭던 우주선은 할이 스스로 생각하기 시작하면서부터 위기를 맞는다.

이 영화는 60년대 작품으로 인간이 아직 달에 가기 전에 만들어진, 올해 개봉 51주년을 맞이한 기념비적인 SF 우주 영화.

2009. 5. 16

밀회
Brief Encounter

감독 | 데이빗 린
출연 | 셀리아 존슨, 트레버 하워드
개봉 | 1945 영국

거장의 사랑 이야기의 결정판.

향수를 자극하는
거장의 잔잔한 사랑을 마음 깊게 각인시키는 명화.

- 줄거리 -
평범한 중산층 가정의 평범한 주부인 로라 제슨(셀리아 존슨)과 또한 한 가정의 가장인 의사 알렉 하비(트레버 하워드)는 기차역에서 우연히 만난다. 그리고 알렉이 로라의 눈에 들어간 먼지를 빼내 준 일을 계기로 역 부근의 찻집에서 이야기를 나누게 된다. 이야기를 나누면서 둘은 서로 많은 공통점을 갖고 있음을 알게 되고, 매주 목요일 역 부근의 찻집에서 만나기로 약속한다. 각자의 가정에 대한 책임감에 번민하지만 어쩔 수 없이 서로에게 이끌리는 두 사람은 매주 목요일 은밀한 만남을 가지면서 더욱더 가까워지고 결국 사랑에 빠지게 된다. 하지만 자신들의 관계가 더 이상 발전하면 안 된다는 것을 깨달은 로라와 알렉은 더이상 만나지 않기로 하고 각자 반대 방향의 기차를 타고 떠나면서 작별을 고한다.

더 리더: 책 읽어주는 남자

The Reader

감독 | 스티븐 달드리
출연 | 레이프 파인즈, 자넷 헤인, 데이빗 크로스,
케이트 윈슬렛
개봉 | 2008 미국, 독일

무거운 영화. 왜 변명을 못해 주었을까. 책을 읽고 싶고.
원래 평점이 만점은 아니었지만, 원작을 읽고 나니 만점입니다.

무거운 영화입니다.

왜 마이클은 한나를 변호하지 않았나?
왜 한나는 스스로 죽을까?
유대인은 이 영화를 어떻게 볼까?
무엇이 한나를 간수로, 또 죄수로의 생활에 그토록 철저하게 만들었을까?

한나가 마이클의 테이프를 들을 때 눈물이 조금 흘렀습니다.

끝날 때 음악도 무겁습니다.
OST도 나왔더군요.

석양에 돌아오다
The Good, The Bad And The Ugly

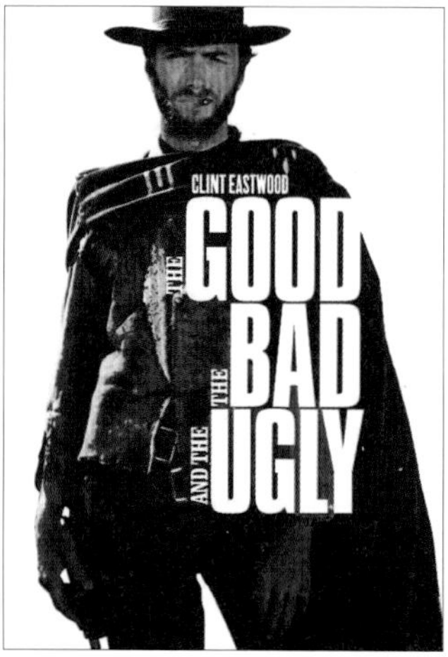

감독 | 세르지오 레오네
출연 | 클린트 이스트우드, 리 밴 크립
개봉 | 1966 이탈리아, 스페인, 독일

미국 서부 영화의 가식에 크게 한 방 먹인, 서부 영화의 개념을 바꾼 걸작.

이제는 전설이 된 배우들이 나오고요.
유럽이 미국의 가식을 신랄하게 비꼬니 시원.

이 감독의 회고전에서 보고요.

- 줄거리 -
허리춤엔 총자루를 차고, 먼지가 뒤덮인 망토를 두르고, 늘 시가를 입에 문 채 우수에 찬 눈빛으로 서부를 가르는 신비의 남자 블런디. 미국의 남북전쟁이 한창인 때, 블런디는 멕시칸 총잡이이자 현상범 투코와 함께 동업 중이다.

한편 가학적인 범죄자 세텐자는 20만불의 돈주머니가 묻힌 비밀장소를 추적 중이다. 이때 투코와 블런디는 사막의 한가운데서 목숨을 담보로 실랑이를 벌인다.

이미 장교로 자리를 잡고 있는 세텐자는 투코를 고문해서 장소를 알아내려 하지만, 블런디가 알고 있다는 사실을 접하고는 블런디와 흥정에 들어간다. 이 위험스런 흥정은 가까스로 수용소를 빠져나온 투코가 합류하면서 더욱 뜨거워지는데. 불가능한 여로와 죽음의 전쟁을 통하여 도달한 묘지에서, 운명의 3인은 최후의 방아쇠를 당기기 위해 삼각의 위치에 과감히 서서 긴장의 순간을 맞이하는데….

2008. 2. 24

추격자

The Chaser

감독 | 나홍진
출연 | 김윤석, 하정우
개봉 | 2008 대한민국

말이 필요 없습니다. 아카데미 외국어영화상(Best Foreign Language Film)에 도전하세요. 단 여성부 허가를 받아야 되겠네요.

유영철 연쇄살인 사건에서 소재를 얻은 듯합니다.

말이 필요 없습니다. 아카데미 Best Foreign Language Film에 도전해야 합니다.

추천해 주신 이영석 판사님께 고마움을 전합니다.

참고로 유영철은 지금 서울구치소에 있고, 그의 안전에 당국이 크게 신경 쓴답니다.
그의 사형이 집행될 경우, 이미 사형 판결받은 50여 명이 문제랍니다.

사형수들은 교도소로 못 가고 구치소에 수감한답니다.
교도소로 가는 날 사형이 집행되는데, 우리나라는 2007년 이후 사형집행을 안 하고 있습니다.

2007. 10. 30

바람과 함께 사라지다
Gone With The Wind

감독 | 빅터 플레밍
출연 | 클락 게이블, 비비안 리, 레슬리 하워드
개봉 | 1939 미국

영화사에 길이 남는 거대 명작.

미국의 내전에 따른 남부의 몰락과 귀족 취미를 별로라고 보는 시각도 있겠지만, 나는 이 영화를 평가.

세기의 명배우들이라는 평도 어울리고요.

1939년 작품이 우리나라에서는 1957년 상영.

우리의 한 때가 너무 암울.

타인의 삶
The Lives Of Others

감독 | 플로리안 헨켈 폰 도너스마르크
출연 | 울리히 뮤흐, 마르티나 게덱,
세바스티안 코치, 울리히 터커
개봉 | 2006 독일

동독 비밀경찰(STASI)이 나쁜 일 엄청 했지만, 그래도 한 사람은 있었고. 잘 만든 영화.

독일 정보기관의 도청 실태와 도청을 하던 어떤 기관원이 도청대상을 이해하고, 사랑의 감정을 느끼게 된다는 이야기.
인간의 선한 부분을 강조해서 좋습니다.

2007년 아카데미 Foreign Language Film 수상작입니다. 미국 아카데미는 잘 만든 영화를 잘도 골라냅니다.
한국에서 흥행은 별로일 겁니다.

베를린 장벽이 무너지고 통일된 독일은 지금 화해를 이야기합니다.

- 줄거리 -
1984년 동독. 비밀경찰 슈타지의 감시로부터 자신도 모르게 철저히 조사 당했던 동독의 국민들. 보이지 않는 정보국 요원의 삶. 10만 명의 비밀경찰과 20만 명이 넘는 스파이. 그들의 목표는 단 하나…. "모든 것을 알아야 한다."
베를린 장벽이 무너지기 5년 전, 나라와 자신의 신념을 맹목적으로 고수하던 냉혈인간 '비밀경찰' 비즐러는 동독 최고의 극작가 드라이만과 그의 애인이자 인기 여배우 크리스타를 감시하는 중대 임무를 맡는다. 그러나 시간이 지날수록 드라이만을 체포할 만한 단서는 찾을 수 없다.

미녀는 괴로워
200 Pounds Beauty

감독 | 김용화
출연 | 주진모, 김아중
개봉 | 2006 대한민국

한국 영화의 가능성을 확인케 되고, 새 지평을 연 영화.

구자윤 학형 어부인의 강력한 추천으로
Screen Quota 폐지 내지는 축소 전에는 한국영화 안 본다는 생각을 바꾸고 보았는데,
한국영화의 가능성을 확인하게 만들고 새로운 지평을 연 영화입니다.

이유는 이제까지 Block buster들이 조폭 또는 반미 장사들이었는데, 이 영화는 순전히 Story로 승부합니다.
반미 장사꾼들, FTA 철폐, 해군기지 반대 참 대단합니다.

최근에 본 한국영화는 〈왕의 남자〉 그리고 〈사이에서〉입니다.
올해 영화를 100편 이상 보았으면 합니다.

황혼의 사무라이

たそがれ清兵衛, The Twilight Samurai

감독 | 야마다 요지
출연 | 사나다 히로유키, 미야자와 리에,
코바야시 넨지, 오스기 렌,
후키코시 미츠루, 후카우라 카나코
개봉 | 2002 일본

명불허전. 일본인의 일본인들이 이상적으로 생각하는 남성상과 사랑.
주제곡도 좋고

영화가 너무 좋아서 구경을 권합니다.
많은 상을 받은 이유가 분명히 있습니다.
어디처럼 나누어 가지는 상들이 아닙니다.

일본인들이 이상적으로 생각하는 남성상과 사랑이 잘 표현 되었습니다.

주제곡도 좋습니다.
누가 노래방에서 한번 불러주세요.

- 줄거리 -
가난한 하위 무사로 영주에 대한 충의보다 어린 두 딸과 병든 노모를 더욱 중요하게 여기는 인간적인 무사 세이베이의 삶과 사랑을 그린 영화.

보리밭을 흔드는 바람

The Wind that Shakes the Barley

감독 | 켄 로치
출연 | 킬리언 머피
개봉 | 2006 독일, 이탈리아, 프랑스, 아일랜드

나는 이 감독을 좋아하게 되었습니다.

영국과 아일랜드의 비극을 2015년 두 지역을 방문하고 더 잘 알게 되었습니다.
두 나라의 관계를 이렇게 적나라하게 그린 감독을 존경합니다.

두 나라의 공존이 한국과 일본의 관계에서 우리에게 시사하는 바가 많습니다.

요사이 개봉한 〈헝거〉와 같은 맥락의 영화. (본문 55쪽 참조)

- 줄거리 -

1920년 아일랜드.

젊은 의사 데이미언은 런던의 병원에 일자리를 얻지만, 아일랜드인에 대한 영국 군대의 횡포를 목격하고 형 테디와 연인 시네이드 그리고 친구들과 함께 아일랜드의 독립운동에 뛰어든다. 그리고 마침내 영국과 평화조약을 맺게 된 아일랜드,

그러나 일부 지역 자치만 허용한다는 영국의 발표에 데이미언은 형 테디와 심한 대립 관계에 놓이게 되고 연인 시네이드와의 애정 관계마저 이상이 생기는데….

조국의 자유를 위해 형과 사랑하는 연인과의 위기를 맞게 된 데이미언의 엇갈린 운명과 선택이 시작되는데….

2006. 8. 10

카사블랑카
Casablanca

감독 | 마이클 커티즈
출연 | 험프리 보가트, 잉그리드 버그만, 폴 헌레이드
개봉 | 1942 미국

불멸의 여자배우 덕에 길이 남을 영화가 되었네요.
미국인의 시대 정서에도 맞아떨어지고요. 또 잊혀진 사랑은 누구나 하나쯤 가지고 있지요.

대단한 영화. 말이 필요 없지요.

아마 많은 사람들이 지도에서 이 도시를 찾아보았을 거예요.

낙원극장에서 볼 때 가족과 같이 온 일행 중 딸이 영화가 끝난 후 주연 여자배우를 평하길 "더럽게 예쁘다"하여 신세대의 언어 구사에 놀란 적이 있습니다. 예쁘게 더럽게라니 나는 이해가 안 되었어요.

- 줄거리 -
아프리카 북동부에 위치한 요지, 모로코의 카사블랑카는 전란을 피하여 미국으로 가려는 사람들의 기항지로 붐비고 있다. 이곳에서 술집을 경영하는 미국인 릭 브레인(험프리 보가트)은 이런 와중에 떼돈을 번 유지이다. 어느 날 밤, 반(反)나치의 리더인 라즐로(폴 헌레이드)와 그의 아내 일리자(잉그리드 버그만)가 릭의 술집으로 찾아온다. 이들 부부는 릭에게 여권을 부탁하러 온 참이었는데 일리자를 본 릭은 깜짝 놀란다. 꿈같던 파리 시절, 릭과 일리자는 사랑을 나누던 사이로 잊혀졌던 불꽃이 일리자와 릭의 가슴을 뒤흔든다.

2006. 8. 8

뜨거운 것이 좋아
Some Like It Hot

감독 | 빌리 와일더
출연 | 마릴린 먼로, 토니 커티스, 잭 레먼
개봉 | 1959 미국

미국이 세계를 제패할 최극성기 때, 미국인들의 낙천적인 특성을 잘 그리고. 희극의 최고봉. 이만한 매력의 여자 배우 또 나올까?

명작.

- 줄거리 -
1929년 시카고, 금주법 시대. 빚에 쪼들려 딱한 처지인 술집 악단 연주자인 죠(토니 커티스)와 제리(잭 레먼)는 일자리를 찾던 중 우연히 주차장에서 갱단의 총싸움에 휘말리게 되면서 두 사람은 스페치 갱단 일당에게 쫓기는 몸이 된다. 두 사람은 여자로 변장하여 여성 악단에 들어가고, 악단과 연주 장소인 플로리다행 열차에 올라 계속해서 해프닝을 벌인다.

죠는 술독에 빠진 아름다운 단원 슈가(마릴린 몬로)와 사랑에 빠지지만, 그녀는 이들이 여장 남자인지는 꿈에도 모른다. 슈가는 테너 섹스폰 연주자만 보면 사랑에 빠져 여러 번 아픔을 겪으며 6군데나 악단을 떠돌아다니다 결국 여성 악단으로 오게 된 것인데, 그녀는 늘 이것이 자신의 머리가 나쁘기 때문이라 탓한다. 그녀가 이 악단에 오게 된 또 다른 이유는 따뜻한 플로리다로 몰려오는 백만장자를 잡기 위해서다.

호텔에서 쫓고 쫓기는 대소동을 일어나고 죠는 슈가에게 이별 전화를 한다. 슬픔에 빠진 슈가가 연주회에서 보는 이로 하여금 애절한 노래를 부르는 것을 바라보던 죠는 그녀에게 다가가 키스를 하게 되고 결국 죠의 정체를 알게 되는데….

오즈의 마법사

The Wizard of OZ

감독 | 빅터 플레밍
출연 | 주디 갈랜드, 프랭크 모건, 레이 볼거, 버트 라르, 잭 헤일리, 빌리 버크
개봉 | 1939 미국

환상과 비유의 걸작, 영화사에 길이 남고.

명작.

10년 전 낙원동의 허리우드 극장의 여름 바캉스 프로그램 참 좋았어요.
다시 이런 기획 해서 예전의 명작들을 보여주면 좋겠어요.

- 줄거리 -

회오리바람에 휩쓸려 오즈의 나라로 내던져진 도로시(주디 갈랜드)는 집으로 되돌아갈 수 있는 유일한 길이 위대한 오즈의 마법사를 만나는 것임을 알고 그를 찾아 긴 여정이 시작된다. 도로시는 애견 토토와 함께 노란 길을 따라 오즈의 마법사가 사는 에메랄드 시티로 향한다. 도중에 만난 세 명의 친구들, 지능을 얻고자 하는 허수아비(레이 볼거)와 심장을 원하는 양철 나뭇꾼(잭 헤일리), 용기를 가지고 싶어하는 겁장이 사자(버트 라르)와 함께 오즈의 마법사(프랭크 모건)에게 자신의 소원이 이루어지도록 부탁하기 위해 도로시와 함께 경쾌한 발걸음을 옮긴다.

그러나 도로시 일행을 방해하기 위해 뒤쫓아오는 서쪽 나라 마녀의 검은 그림자.

2006. 8. 5

웨스트 사이드 스토리

West Side Story

감독 | 제롬 로빈스, 로버트 와이즈
출연 | 나탈리 우드, 리차드 베이머
개봉 | 1961 미국

뮤지컬의 최고 작품. 보라색의 셔츠를 언젠가는 입고 싶고.

의상도 춤도 너무 황홀. 셰익스피어의 명작이 다른 장르의 명작으로 변신. 뮤지컬 불멸의 금자탑.
아주 예전에 보고, 아마 대학생 때입니다. 기록이 1967년 12월 23일 한국 개봉이라네요.
두 번째 개봉이 1999년이라니, 이때 또 보고요. 그리고 이번에 또 다시 본 영화.

볼 때마다 좋은 명작.

- 줄거리 -
1940년대 미국에 자유롭게 들어오는 푸에르토리코의 빈민들이 뉴욕에 제2의 할렘을 만들어 말썽의 근원이 되었다. 이때에 백인지구와 푸에르토리코 사람들의 지구가 인접한 뉴욕의 웨스트사이드에서 두 지구의 젊은이들 사이에 텃세 싸움이 되풀이되고 있었다. 푸에르토리코계 샤크단의 리더 베르나르드에게는 아니타라는 애인이 있다. 주도권을 다투는 그들은 리브가 거느리는 이탈이아계 제트단에 도전한다. 리브는 OB의 드니에게 같이 합세할 것을 요청한다. 어느 날, 리브와 베르나르드와의 결투에서 리브가 죽음을 당하자, 드니는 베르나르드를 죽인다. 마리아가 오빠를 죽인 드니를 힐책하지만 두 사람의 사랑은 변하지 않고….

2006. 8. 3

아파트 열쇠를 빌려드립니다

The Apartment

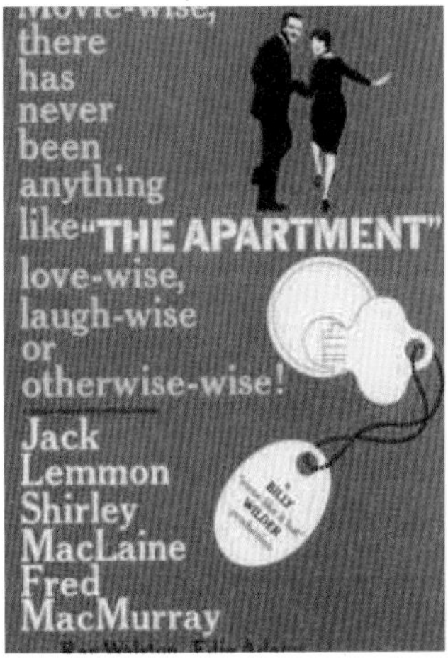

감독 | 빌리 와일더
출연 | 잭 레먼, 셜리 맥클레인, 프레드 맥머레이, 레이 월스톤
개봉 | 1960 미국

코미디 영화의 최고봉. 제목도 잘 번역했고.

나는 코미디를 별로라고 생각하지만, 이런 코미디는 많을수록 좋아요.
직장 생활의 애환도 잘 그리고요.

- 줄거리 -

버드(잭 레먼)는 소심하지만 성실하고 착한 뉴욕의 보험회사 직원이다. 독신인 그는 시내에 조용한 아파트를 얻어서 살고 있는데, 본의 아니게 회사 임원들을 상대로 그 아파트를 빌려주게 된다.

한편, 그는 엘리베이터 걸 프랜(셜리 맥클레인)에게 은근히 마음을 두고 있고, 프랜도 그에게 상당히 호의적이다. 아파트를 빌리는 임원들의 도움으로 그는 승진 후보에 오르고, 인사권자인 쉘드레이크 전무를 만나는데, 뜻밖에도 쉘드레이크 전무는 그의 비밀을 다 알고 있었고, 전무는 그것을 약점으로 잡아서 자기도 버드의 방을 빌린다. 버드는 방을 빌려주는 대가로 받은 뮤지컬 티켓으로 프랜에게 데이트 신청을 하지만 바람만 맞고 만다.

우연히 쉘드레이크가 자기 아파트로 데려오는 여자가 프랜이라는 사실을 안 버드는 프랜으로부터 멀어지고, 쉘드레이크의 변심으로 상심한 프랜이 크리스마스 이브에 버드의 아파트에서 약을 먹고 자살을 기도하는데, 마침 버드가 들어와서 생명을 구해준다. 이 일로 버드는 온갖 오해와 질시를 받지만, 쉘드레이크와 프랜을 위해서 자기 혼자 모든 모욕을 참으며, 그 와중에 자기가 진정으로 프랜을 사랑하고 있음을 깨닫는데….

콘스탄트 가드너
The Constant Gardener

감독 | 페르난도 메이렐레스
출연 | 랄프 파인즈, 레이첼 와이즈
개봉 | 2005 독일, 영국

나는 원작자를 위대한 작가로 봄. 또 개인적으로 아프리카에 향수가 있음.

영화는 이처럼 차분하게, 남들이 다루지 않는 소재를 파헤쳐야 합니다.
우리나라는 왜 위대한 작가들이 요사이 안 나오죠? 답답해요.

원작이 서재에 있는데, 읽지는 않았어요. 저자 르 카레(John Le Carre)의 초기의 유명작을 한 두권 읽었어요.

우리나라도 외교관이나 정보원들의 체험이 녹아있는 명작이 나오면 잘 팔린 터인데, 안 나오네요.

- 줄거리 -
적극적이고 열정적인 성격의 인권운동가 테사(레이첼 와이즈)와 조용하고 온화한 성품의 외교관 저스틴(랄프 파인즈)은 첫눈에 반해 사랑에 빠진다. 그러나 거대 제약회사의 음모를 파헤치려는 테사와 그녀의 변화를 이해하지 못하는 저스틴은 충돌하고, 테사의 유산으로 그들의 갈등은 깊어만 간다.
그러던 어느 날 UN 관계자를 만나기 위해 동료와 함께 로키로 떠났던 아내가 싸늘한 시신이 되어 돌아오고, 대사관은 테사가 여행 도중 강도의 습격을 받은 것으로 사건을 서둘러 종결지으려 한다. 하지만 거대 제약회사와 정부가 수백만 민간인 환자들을 대상으로 불법적인 실험을 하고 있다는 사실을 알게 된 저스틴은 그 자신마저 죽음의 위협에 놓이게 되는데….

2006. 5. 2

애니 홀
Annie Hall

감독 | 우디 앨런
출연 | 우디 앨런, 다이안 키튼, 토니 로버츠
개봉 | 1977 미국

나로 하여금 우디 앨런을 존경하게 만든 영화.

낙원동 시네마테크에서 우디 앨런 특집을 상영할 때 본 영화.
유대인이어서 유대인을 풍자할 수 있는 작가. 눈물을 흘리게 하는 코미디가 무엇인지 수준을 확정한 감독.

내가 제일 좋아한 대사, "내가 이 테니스 클럽을 싫어하는 이유는, 나 같은 놈을 회원으로 받아 주어서야." 야유의 극치.

지금도 만드는 영화를 매년 볼 수 있으니 행복합니다.

- 줄거리 -
뉴욕의 스탠드업 코미디언이자 희극 작가인 앨비 싱어(우디 앨런)는 친구와 테니스를 치다 패션감각이 뛰어난 미모의 애니(다이안 키튼)를 보고는 한눈에 반해 버린다. 앨비는 자신만만하고 세속적이며 다소 신경질적인 반면, 애니는 주의가 산만하고 끈질긴 구석이 있다. 앨비는 가수가 되겠다는 꿈을 간직하고만 있던 애니에게 꿈을 이루도록 복돋아주고, 공부를 하라고 권유한다. 주위에서는 그런 애니를 선망의 시선으로 바라보지만 애니는 그녀의 일에 사사건건 간섭을 하고 트집잡는 앨비가 못마땅하기만 하다.

애니는 평소에 원하던 가수의 길을 걷기 위해 앨비와 헤어져 캘리포니아로 떠난다.

맨하탄
Manhattan

감독 | 우디 앨런
출연 | 우디 앨런, 다이안 키튼, 마이클 머피,
마리엘 헤밍웨이, 메릴 스트립, 앤 번 호프만
개봉 | 1979 미국

여러 사랑의 유형을 다양하게 그려낼 수 있는 이 작가의 천재성을 나는 존경. 비록 유대인이지만.

영화사에 길이 남을 작품.
서울 여의도도 이런 찬가가 나오면 더이상 무엇을 바랄까요.

- 줄거리 -
두 번의 이혼 경력을 갖고 있는 방송작가 아이삭(우디 앨런)은 자신의 직업에 점점 회의를 느끼고 있으며, 노이로제 증상이 엿보이는 인물이다. 아이삭은 어쩔 수 없이 짜내듯 써야하는 대중문화에 넌덜머리를 내며, 언젠가는 미국 최고의 위대한 소설가가 되겠다는 꿈을 간직하고 있지만 매달 들어오는 월급이 주는 경제적인 안정감을 포기할 자신도 없다. 그의 애정생활 역시 순탄치가 않은데, 그의 전처 질(메릴 스트립)은 자신과의 결혼생활을 폭로한 소설을 발표한다.

17세의 조숙한 고등학생 트레이시와 데이트를 하며 아이삭은 그녀의 애정표현에 불편함을 느끼고, 아직 인생을 시작해보지도 않은 여고생과 중년 남자의 관계에는 미래가 없다는 사실을 강조하는데…. 한편, 아이삭과 가장 친한 친구인 예일(마이클 머피)은 유부남이면서도 메어리(다이안 키튼)라는 이혼 경력이 있는 여성과 바람을 피우면서 위기에 처하게 된다. 아이삭의 충고로 예일과 메어리의 관계는 정리가 되고….

굿나잇 앤 굿럭
Good Night, And Good Luck

감독 | 조지 클루니
출연 | 데이빗 스트라탄, 패트리시아 클락슨,
조지 클루니
개봉 | 2005 미국, 프랑스, 영국, 일본

우리는 언제 머로우 같은 방송인을 갖게 되나요?
국민의 의식수준이 선동에 넘어가지 않아야, 이런 방송인도 배출됩니다.

국격의 차이가 미국과 한국, 참 크지요.
우리 방송과 소위 언론 그 수 많은 허위 보도는 언제 없어지나요?

최순실씨 아들 없대요. 허위보도한 그 많은 매체 중 도대체 누가 사과했나요?

지금 미국 대통령 선거 투표 중이네요.
트럼프는 자기 조상이 독일계가 아니고, 스웨덴계라고 거짓말한 사람.

- 줄거리 -
1935년부터 1961년까지 미국의 메이저 방송사 중 하나인 CBS에서 뉴스맨으로 명성을 날렸던 실존인물 에드워드 R. 머로우. 머로우와 프로듀서 프레드 프렌들리는 인기 뉴스 다큐멘터리인 'See It Now'를 진행하며, 매 회마다 정치 사회적인 뜨거운 이슈를 던져 논란을 불러일으켰다. 이 영화는 1950년대 초반, 미국 사회를 레드 콤플렉스에 빠뜨렸던 맥카시 열풍의 장본인 조셉 맥카시 상원의원과 언론의 양심을 대변했던 에드워드 머로우 뉴스 팀의 역사에 길이 남을 대결을 다루고 있다.

2004. 12. 18

오페라의 유령

The Phantom of the Opera

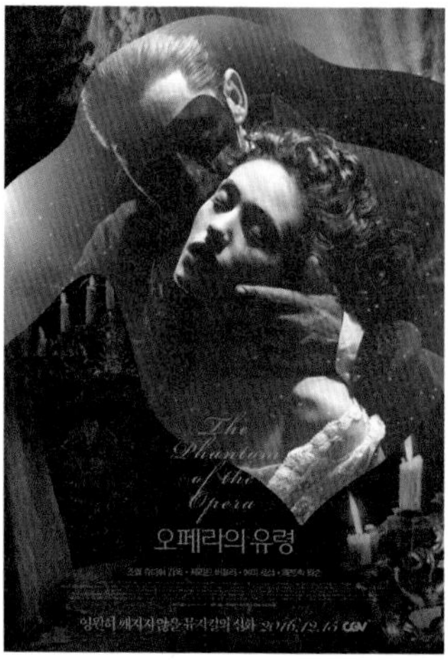

감독 | 조엘 슈마허
출연 | 제라드 버틀러, 에미 로섬
개봉 | 2004 미국, 영국

희대의 명작. 뮤지컬의 최고봉!!!

이 뮤지컬의 수입이 얼마일까요?
창작의 성과가 이만한 뮤지컬이 앞으로도 나올지 모르겠어요.

- 줄거리 -

가면 뒤에 흉측한 외모를 가리고 파리 오페라하우스의 지하에 숨어 사는 팬텀. 천상의 목소리를 가진 그는 아름다운 코러스 단원 크리스틴을 마음에 품고, 오페라하우스의 매니저들을 협박해 그녀를 최고의 프리마돈나로 만든다. 팬텀의 접근에 겁에 질린 크리스틴은 다정한 라울 백작의 품안에서 위로를 받지만, 이를 눈치챈 팬텀은 급기야 크리스틴을 납치하기에 이르는데….

2004. 8. 6

분노의 포도
The Grapes of Wrath

감독 | 존 포드
출연 | 헨리 폰다, 제인 다웰
개봉 | 1940 미국

원작이 좋아서인지, 영화 보는 내내 감동했습니다.

하루에 영화를 세 편 보았습니다.
그런데도 이 영화는 몰입하고, 이야기에 공감했습니다.

- 줄거리 -
톰 조드는 감옥에서 막 출소하여 어머니와 가족이 있는 곳으로 돌아온다. 어쩌다 싸움에 휘말렸다가 실수로 사람을 죽여 4년을 복역한 뒤 가석방된 것이다. 하지만 돌아온 현실은 어둡기만 하다. 지독한 가뭄 그리고 거대 회사와 은행 빚에 쪼들리다 못해 가족은 쫓겨나기 직전이다.

마침내 톰 조드의 가족은 일자리가 넘친다는 낙원의 땅 캘리포니아로 이주를 결정한다. 고물 트럭에 삼대가 모두 타고 길을 떠난다. 한때는 마을의 존경받는 목사였으나 지금은 걸인이 된 케이시도 그들과 함께 간다.

하지만 우여곡절 끝에 도착한 그곳은 듣던 것과 딴판이다. 여기도 악독한 농장주들이 폭력과 술수를 동원해 배고픈 하층민들을 갈취하고 있다. 톰 조드는 이 모든 과정을 겪으며 사회를 보는 새로운 눈, 사회 개혁 의지를 갖게 된다.

살다
生きる, Living

감독 | 구로사와 아키라
출연 | 시무라 타카시, 카네코 노부오,
세키 쿄코, 코보리 마코토
개봉 | 1952 일본

명작. 이 감독의 30편 중에서 최고일 수도 있습니다.

이 감독 일본에서 다시 뜨네요. 나도 이 감독 영화 좋아해요.

이 영화의 끝 장면 눈을 맞으며 죽는 결말은 정말 감동적.

- 줄거리 -
주인공은 시청의 시민과장이란 직위는 있지만 매일 출근해서 서류에 도장을 찍는 기계다. 말수도 적고 인간관계도 서투른 그는 부인을 잃은 후 외아들에게만 희망을 걸고 독신생활을 해왔다. 약간의 저축도 하면서 아들 부부와 함께 살고 있다.

어느 날 갑자기 앞으로 3개월뿐이라는 위암 선고를 받는 게 사건의 발단이 된다. 핏줄에게서 위안을 받으려 하지만, 부인과 함께 따로 살림을 차리는 데만 혈안이 된 아들의 모습에서 실망을 느끼고 자포자기 상태에 빠진다.

그러다 옛날 여직원을 우연히 길에서 만나고, 지금은 인형 제조공장에서 여직공으로 있는 그녀에게서 건강함과 생명력을 느끼게 된다. 그리고 가난한 사람들이 살고 있는 지역에 아이들을 위한 놀이터를 만들어달라는 건의가 계속 무시되고 있었던 것을 알게 된다.

타성에 젖은 관료들에게 고개를 숙여 마침내 놀이터를 건립하지만, 준공식 후 주인공은 눈을 맞으며 죽고, 아무런 상관도 없는 관리들에게 공로가 돌아간다는 허무주의로 끝을 맺는다.

2005. 4. 6

제3의 사나이
The Third Man

감독 | 캐럴 리드
출연 | 조셉 거튼, 알리다 발리, 오손 웰즈, 트레버 하워드
개봉 | 1949 영국

영국인들이 최고로 뽑은 영화.
그레이엄 그린(Graham Greene)의 추리극 솜씨도 좋고.

예전에 본 영화인데, 다시 봄.

흑백영화의 묘미를 잘 살리고. 치터라는 악기의 음악은 절묘.

- 줄거리 -
2차 세계대전 직후, 4개 승전국에 의해 공동으로 치안이 유지되던 오스트리아의 수도 비엔나에 올리 마틴스라는 한 미국인이 도착한다. 3류 소설가이자 빈털터리 신세인 마틴스는 비엔나에 사는 친구 해리 라임의 일자리 제안을 받아들여 방문하게 된 것이다. 하지만 도착한 날, 해리가 차 사고로 죽게 된 것을 알고, 곧 해리의 차 사고가 의문투성이임을 알게 된다.

영국군 캘로웨이 소령은 해리를 봤다는 마틴스의 말에, 그의 관을 열어보게 되고, 해리의 공범이 대신 매장됐음을 발견한다. 해리가 불량 페니실린을 밀매해 많은 환자들을 죽게 한 사실을 알게 된 마틴스는 해리의 검거에 협조하기로 하지만, 애나의 간곡한 부탁에 다시 맘을 돌린다. 하지만 캘로웨이 소령이 마틴스를 병원으로 데려가 불량 페니실린의 희생자들을 직접 보여주자, 그는 다시 마음을 돌려 체포에 협조한다. 마틴스와의 약속 장소에 나간 해리는 경찰의 추격을 받고 도주하다 궁지에 몰리고, 결국 친구 마틴스의 총에 죽고 마는데….

8과 1/2

Otto E Mezzo

감독 | 페데리코 펠리니
출연 | 마르첼로 마스트로얀니,
클라우디아 카르디날레
개봉 | 1963 이탈리아

요사이 이야기하기 좀 어렵지만, 남자의 꿈이 적나라.

나도 처음에는 이 영화 평가 안 했어요. 나이가 70이 되니 이탈리아인의 감성을 이해하게 되고, 또 어찌 보면 솔직해요.
사는 게 별거냐고 이야기하면 안 되지만, 좀 일탈할 수도 있지요.

제목의 의미를 모르겠어요.
이 글을 보고 지인이, 제목의 의미는 이 감독이 만든 여덟 번째의 영화여서랍니다. 1/2은 다큐 등 감독이 온전한 한편으로 보지 않은 영화가 있기 때문이랍니다.
물어보면, 알게 됩니다.

- 줄거리 -
영화감독 귀도는 현실의 일상 속에서 정신적으로나 육체적으로나 지쳐있었다. 요양을 핑계로 온천에 가지만, 그곳에서도 생활과 일에서 벗어날 수 없고, 온천에서 여생을 보내는 노인들 속에 자신이 있다는 환상을 보기 시작한다. 헤어질 용기가 없어서 살고 있는 아내에게도, 육체밖에 사랑하지 않는 애인에게도 지쳐있는 그로서 유일의 구원은, 마음속에 나타나는 창부 같은 성녀 클라우디아였다.
　확실한 현실을 가늠할 수 없는 로이드는 소년 시절의 추억에 잠기는 동안, 오래도록 잊고 있던 것을 생각해 낸다.

엠
M

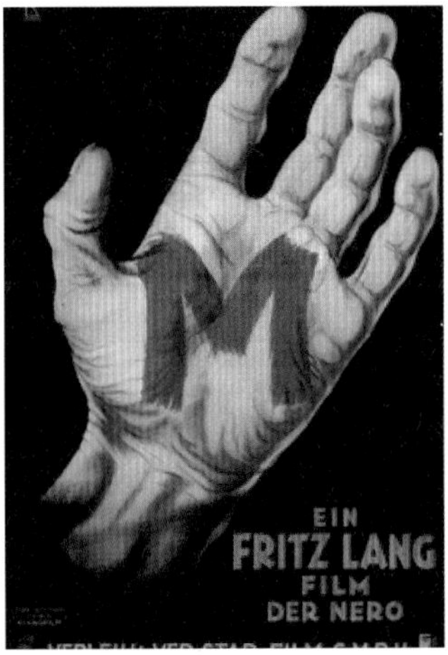

감독 | 프리츠 랑
출연 | 프리츠 랑, 칼 볼브레트,
프리츠 아르노 바그너
개봉 | 1931 독일

최초의 유성 영화라네요. 주제가 철학적인가 봐요.

〈The Reader〉, 〈White Ribbon〉 등이 이런 철학적인 문제를 제기합니다.
흑백 화면이 인상 깊었어요.

로저 에버트도 이 영화를 평가했네요.
나는 로저 에버트의 영화평으로 고전영화를 많이 보았어요.

- 줄거리 -
어린이 연쇄 살인 사건 때문에 독일의 한 도시 전체가 공포의 도가니가 된다. 한편 범죄 조직에서도 경찰의 수사 때문에 자신들의 사업에 방해를 받자 자기들이 나서서 살해범을 잡기로 결정한다. 이들은 남의 눈에 띄지 않게 미행을 할 수 있는 거지 조직을 이용한다. 범인을 뒤쫓던 거지는 범인의 등에 살인자임을 나타내는 M이란 표시를 해놓는다. 그러나 범인은 이를 눈치채고 어느 건물 안으로 들어가서 숨어버린다. 범죄 조직원들은 건물을 습격하고 결국엔 범인을 잡는다.

이들은 범인을, 마치 자신들이 법에 의해 심판을 받듯이, 심판하기로 결정한다. 범인은 자신의 살인이 충동적이며 자신도 어찌할 수 없는 것이라면서 호소한다. 그러나 범죄 조직원들은 이에 냉소적이며 사형을 내리려 한다. 범죄 조직원 다수의 의견으로 범인의 사형이 집행될 찰나 경찰이 들이닥친다.

2005. 4. 5

차이나타운
Chinatown

감독 | 로만 폴란스키
출연 | 잭 니콜슨, 페이 더너웨이
개봉 | 1974 미국

이 영화 부산서 보았어요. 유명한 영화지요.

감독과 배우들 모두 한 시대의 거물.
이야기 따라가기가 좀 힘들지만, 반전도 충격적. 그래도 명작.
이 감독 아직도 언론에 거명되지요.

- 줄거리 -
사립 탐정인 기키스는 어느 부인의 부탁으로 남편인 멀레이라는 수력발전의 권위자의 뒤를 캐내어 그가 어느 여자와 사귀고 있음을 밝혀내지만 의뢰했던 멀레이의 부인은 가짜였다.

그런데 얼마 후 멀레이가 시체로 발견된다. 그가 익사가 아닌 살인임을 알게 된 기키스는 에블린의 처녀 때 성(姓)이 크로스임을 알고 에블린의 아버지인 크로스와 남편 에블린이 옛 동료임을 알게 된다. 그리고 멀레이가 사귀던 여자가 에블린의 동생 캐서린임을 알게 되고, 범인으로 멀레이의 부인 에블린을 의심한다.

하지만 멀레이의 동료였던 크로스가 못 쓰는 땅을 헐값에 사들인 후 저수지 물을 그쪽으로 빼돌려 옥토로 만든 후 비싼 값으로 팔아먹으려는 계획을 세웠고, 멀레이가 그 사실을 눈치채자 크로스가 살해해 버린 사실을 밝혀낸다. 더구나 크로스는 혈육이 없고, 자식에 대한 지나친 집념으로 양녀인 에블린을 범해 그녀가 낳은 딸 캐서린을 자기 자식으로 만들려고 했던 비열한 행위까지 밝혀진다.

전함 포템킨
The Battleship Potemkin

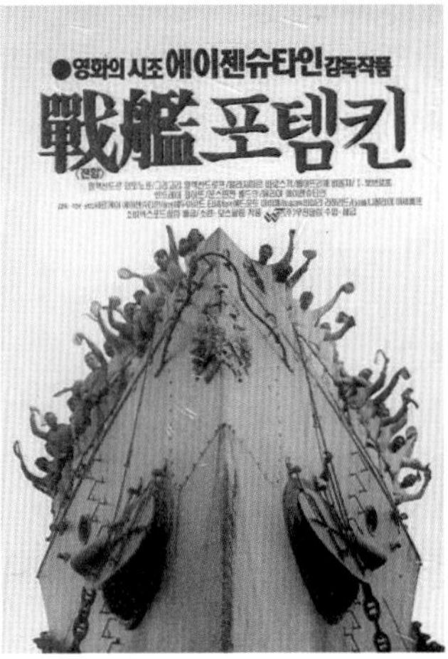

감독 | 세르게이 에이젠슈타인
출연 | 이반 보브로프, 베아트리스 비톨디, N. 폴타브세바, 줄리아 아인스타인
개봉 | 1925 벨라루스

명불허전, 이렇게 신나는 장면을 영화로 만들 수 있나요.

부산까지 가서 영화 네 편을 보았어요. 좋은 작품은 남아요.
오데사를 가보고 싶어요.

- 줄거리 -

1905년 1월, 러시아에서 최초의 혁명이 일어난다. 곧이어 같은 해 6월 14일, 포템킨호의 해군들이 반란을 일으킨다.
1부: 인간과 구더기. 해군 사병 바쿨린추크를 중심으로 반란이 도모된다. 군의관은 기생충은 씻어내면 된다고 말하고, 지친 사병들은 썩은 고기까지 먹어야 하는 자신들의 현실을 한탄한다. 2부: 바다에서의 드라마. 바쿨린추크 일행은 선장의 뜻을 따르지 않고, 반란을 일으키나 바쿨린추크는 총에 맞아 희생된다. 3부: 죽은 자가 정의를 이끈다. 포템킨호가 오데사 항구에 도착하면서 시작된다. 시민들은 죽은 바쿨린추크의 시신을 보고 마음이 움직인다. 이 땅과 미래는 우리의 것이란 구호를 외치면서 군중은 하나가 된다. 4부: 가장 유명한 오데사 계단 에피소드. 수많은 사람이 포템킨호에 식량을 전달하던 중 갑자기 총을 든 군인들이 들이닥쳐 무차별 사격이 시작되고, 오데사 계단의 민중은 총살당하기 시작한다. 5부: 함대와의 조우. 자신들만으로는 육군을 막을 수 없다는 생각을 한 포템킨호가 다른 함대의 합류를 기다리면서 시작된다. 전운이 감돌고, 이튿날 러시아 함대가 나타나 서로 총구를 겨누지만 끝내 정부의 함대는 포문을 돌린다.

2004. 3. 20

7인의 사무라이

7人の侍

감독 | 구로사와 아키라
출연 | 미후네 도시로, 시무라 타카시
개봉 | 1954 일본

이 영화를 보러 부산으로 갔습니다.

고등학교 때 본 〈황야의 7인〉의 원본이랍니다.
나의 영화 톱 10에 듭니다.
2018년 1월 일본의 마루젠 서점의 광고에서 이 감독의 30편 DVD 중 다음에 이 작품을 소개한다네요.

명작을 계속 리바이벌하는 일본문화의 저변이 부럽기만 합니다.

- 줄거리 -

전란(戰亂)이 끊이지 않는 전국시대, 노부시(野武士: 산적 무리)의 약탈과 횡포에 백성들이 떨고 있자 촌장은 사무라이들을 모집하는 결단을 내린다. 이렇게 해서 풍부한 전쟁경험을 가진 감병위(勘兵衛) 등 7명이 선발되고, 감병위 지휘하에 마을은 방위태세를 갖추고 전투훈련도 시작한다.

이윽고 산적들의 공격이 시작되어 치열한 사투가 벌어지고 산적들은 전멸한다. 하지만 마을사람들 다수와 7명 중 4명의 사무라이도 목숨을 잃는다. 마을엔 평화가 찾아오고 주민들은 벼농사에 여념이 없다. 그러나 노동요를 부르는 백성들을 보면서 감병위가 하는 말은….

K-19 위도우메이커
K-19: The Widowmaker

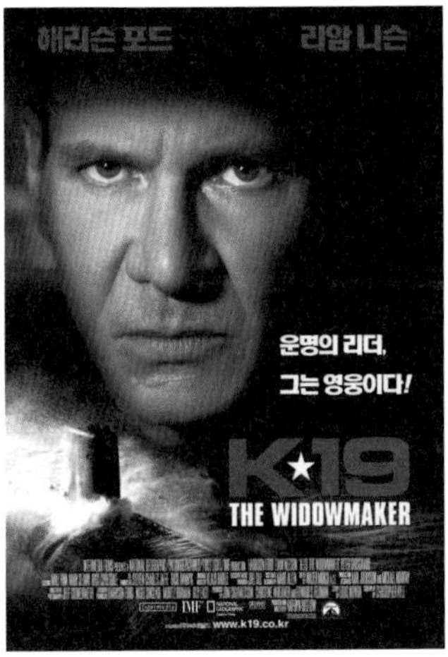

감독 | 캐서린 비글로우
출연 | 해리슨 포드, 리암 니슨
개봉 | 2001 독일, 영국, 미국

이 여성 감독의 영화를 좋아합니다. 박진감 최고의 영화.

숭고한 희생을 알게 된 영화. 어디에서나 자기의 사명을 다하는 사람들 덕에 세상은 가끔 살맛이 납니다.

이 감독의 영화를 찾아보게 되네요.

후기: 2018. 6. 6. 이 감독의 〈디트로이트〉 내일 봐야지요.

- 줄거리 -
미소 냉전이 한창이던 1961년 소련은 소련 최초의 핵탄두 잠수함인 K-19을 완성한다. 이 잠수함은 'Widow maker(과부 제조기)'라는 별명이 붙을 정도로 제조 과정부터 많은 사람들의 희생이 뒤따른 고된 작업이었다. 드디어 K-19에도 첫 임무가 주어지고 사람들의 기대 속에 항해가 시작된다. 하지만 항해 도중 노르웨이 해안 근처 북해 한가운데에서 원자로 냉각기가 고장난다. 뿐만아니라 그곳은 나토 기지와 불과 1마일 정도밖에 떨어지지 않은 곳이어서 만약 원자로가 폭발한다면 세계 3차 대전이 일어날 극한 상황에 놓이게 된다.

설상가상으로 K-19은 본국과의 연락마저 끊기게 되고 잠수함 함장인 알렉시 보스트리코브(해리슨 포드)와 부함장 미카일 폴레닌(리암 니슨)은 자신들에게 직면한 K-19과 세계의 위기를 어떻게든 극복하고자 하는데….

라쇼몽

羅生門, In The Woods

감독 | 구로사와 아키라
출연 | 미후네 도시로, 쿄 마치코
개봉 | 1950 일본

사람의 이기심을 너무도 잘 그리고, 음악도 절묘하고,

일본 문화의 저력을 마음껏 자랑한 구로사와 아키라 감독을 존경하고 경외합니다.

진실은 사람 모두에게 자기만의 것이라고 말할 수 있습니다. 재물 욕심과 욕정이 인간성의 본질인지도 모르겠네요.

작고한 로저 에버트도 높게 평가한 작품입니다.

- 줄거리 -

전란이 난무하는 헤이안 시대, 폭우가 쏟아지는 '라생문'의 처마 밑에서 나뭇꾼과 스님이 심각한 표정으로 생각에 잠겨 있다. 잠시 비를 피하러 들른 한 남자에게 이들은 최근 그 마을에 있었던 기묘한 사건을 들려준다. 사무라이 타케히로가 말을 타고 자신의 아내 마사코와 숲속 길을 지나가다, 그늘에서 낮잠을 자던 산적 타조마루에게 속아 타케히로는 포박당하고, 마사코는 겁탈당한다. 겉보기에는 명백한 듯한 이 사건이 당사자들의 진술을 통해 다양한 진실을 들려준다. 즉 무엇이 진실인지 알 수 없는 상황에 이른다.

2001. 5. 26

에너미 앳 더 게이트

Enemy at the Gates

감독 | 장 자크 아노
출연 | 조셉 파인즈, 주드 로
개봉 | 2001 미국, 독일, 영국, 아일랜드

전쟁 영화의 최고봉. 여러 나라가 같이 만들었네요.

참 잘 만든 영화.
여러 장면이 아직도 눈앞에 삼삼.
이 영화 소련과 독일에서 평은 별로였다네요.
일본에서는 〈스탈린그라드〉로 제목을 바꾸었어요.

- 줄거리 -

제2차 세계대전 당시 소련이 미국의 동맹국으로 독일에게 강력하게 저항하자 독일은 소련의 마지막 보루 스탈린그라드의 침공을 강행한다. 소련군 선전장교 다닐로프(조셉 파인즈)는 바실리(주드 로)의 기막힌 사격 솜씨를 목격하게 된다. 그의 탁월한 사격술을 발견한 다닐로프는 사기가 저하된 소련군에게 희망을 주기 위해 바실리를 영웅으로 만들어 소련군의 사기를 올려주어야겠다는 생각을 한다. 다닐로프의 계획에 의해 바실리는 하루하루 나치 장교들을 처단하는 저격수로 변하게 되고, 평범했던 그는 어느새 전설적인 소련의 영웅으로 재탄생하게 되는데.

전쟁 중에도 사랑은 피는 법. 바실리는 아름다운 여병사 타냐(레이첼 와이즈)를 만나 사랑을 느끼게 되고, 다닐로프 역시 그녀를 사랑하게 되면서 그들은 삼각관계에 놓이게 된다. 바실리는 생존하는 영웅으로 독일군의 사기를 떨어뜨리게 되자 마침내 독일측에서도 바실리를 없애기 위해 독일군 최고의 저격수 코니그 소령(에드 해리스)을 파견하게 되는데….

씬 레드 라인
Thin Red Line

감독 | 테렌스 맬릭
출연 | 숀 펜, 애드리언 브로디, 조지 클루니
개봉 | 1998 미국

일본군과의 대규모 첫 전투를 이렇게 잘 묘사하긴 힘들었을 터인데, 명작. 풀잎이 흔들릴 때의 긴장을 아직도 느끼고.

과달카날 전투는 일본군의 미군에 의한 첫 패배.

"영화의 촬영이란 이런 것이다"라고 말하는 영화.
네이버에는 평점 9점으로 올렸는데, 지금은 10점.

이 작품의 제목이 1854년 영국의 보병부대 대오에서 유래되었다고 알게 되었어요. 어원을 알게 되니, 더욱 영화의 의미가 새롭습니다.

이 감독 작품이 많지 않지요.

- 줄거리 -
1942년 세계 2차대전 당시 일본군은 호주를 점령한 후 미국 본토까지 침공하기 위해 과달카날 섬에 비행장을 건설하고 있다. 일본군이 점령하고 있는 섬의 210고지 탈환 작전을 지휘하고 있는 고든 중령(닉 놀테)은 일본군을 격퇴하기 위해 정면 돌파하라는 명령을 내린다. 많은 희생을 치르고 난 과달카날 전투로 미군과 연합군은 남태평양 전선에서 전세를 뒤집는 유리한 위치를 점령한다. 그러나 동료 대원들의 보상 없는 죽음, 개인적으로 느끼는 피폐함과 정신적 고통으로 끝이 보이지 않는 절망감을 느낀다.

아라비아의 로렌스

Lawrence of Arabia

감독 | 데이비드 린
출연 | 피터 오툴, 알렉 기네스, 안소니 퀸
개봉 | 1962 영국

70mm가 무엇인지를 보여주는 영화.
영국은 신화를 만들고.

이런 영화 다시 만들어질까요?

- 줄거리 -

영국 정보국 소속 장교 로렌스(피터 오툴)는 1차대전 중 중동지역의 전투에서 아랍 부족의 지원을 받기 위해 아랍 지역으로 파견된다. 그런데 그는 영국 정부가 바라던 것 이상으로 아랍의 지도자들을 사로잡고, 아랍의 독립을 위해 열심히 싸워 아랍 민족으로부터 아라비아의 로렌스라는 영웅적인 칭호를 받게 된다.

그는 아랍 전사들을 이끌고 터키군들과 싸우면서 규율을 잡기 위해 남의 마을의 우물물을 마신 병사를 과감히 처형하는 등 독한 모습을 보여준다.

그러나 그의 그런 용맹성은 터키 군에게 포로로 잡힌 후 그곳에서 받은 성적 학대를 통해 병적으로 발전된다. 그리고 마침내 영국 정부의 소환을 받고 런던으로 돌아오지만, 중동으로 보내 줄 것을 요구하면서 사막으로 돌아가길 원한다.

그러나 이미 정치적으로 타결이 된 아라비아 사막은 그를 원치 않았는데….

서편제
西便制, Seopyonje

감독 | 인권택
출연 | 김명곤, 오정혜, 김규철
개봉 | 1993 한국

한국 영화의 기념비적인 작품.

판소리와, 한국의 자연을 제대로 알게 해준 임 감독님이 그저 고맙지요.

- 줄거리 -

1960년대 초 전라도 보성 소릿재. 동호(김규철)는 소릿재 주막 주인의 판소리 한 대목을 들으며 회상에 잠긴다. 소리품을 팔기 위해 어느 마을 대갓집 잔치집에 불려온 소리꾼 유봉(김명곤)은 그곳에서 동호의 어미 금산댁(신새길)을 만나 자신이 데리고 다니는 양딸 송화(오정혜)와 함께 새로운 생활을 시작한다. 유봉은 송화에게는 소리를, 동호에게는 북을 가르쳐 둘은 소리꾼과 고수로 한 쌍을 이루며 자란다.

그러나 소리를 들어주는 사람들이 줄고 냉대와 멸시 속에서 살아가던 중 동호는 어미 금산댁이 유봉 때문에 죽었다는 생각과 궁핍한 생활을 견디다 못하고 집을 뛰쳐나가자 유봉은 송화가 그 뒤를 따라갈지 모른다는 두려움과 소리의 완성에 집착해 약을 먹여 송화의 눈을 멀게 한다. 유봉은 서서히 시력을 잃어가는 송화를 정성을 다해 돌보지만 죄책감 때문에 괴로워하다가 결국 송화의 눈을 멀게 한 일을 사죄하고 숨을 거둔다. 그로부터 몇년 후 그리움과 죄책감으로 송화와 유봉을 찾아 나선 동호는 어느 이름없는 주막에서 송화와 만난다. 북채를 잡는 동호는 송화에게 소리를 청하고, 송화는 아비와 그 똑같은 북장단 솜씨로 그가 동호임을 안다. 그리고 그들은 또다시 헤어짐의 길을 떠난다.

남과 여
Un Homme Et Une Femme

감독 | 끌로드 를르슈
출연 | 아누크 에메, 장-루이 트린티냥
개봉 | 1966 프랑스

대학 시절에 본, 지금도 아련한 영화. 그리고 내가 제일 좋아한 영화.

아마 명동의 어느 극장에서 학교 수업 후 토목과 친구와 같이 본 영화.
그 친구는 졸업 후 아마 미국에 정착했나 봐요.

당시 감수성이 예민하여, 이런 상황에 몰리지 않으면 좋다고 생각했어요.

1977년 프랑스에서는 이 영화 '10년'을 대대적으로 기념할 정도의 인기작이었답니다.

- 줄거리 -
배우자를 잃은 파리 출신의 두 남녀가 새로운 감정적 교감을 시도하는 를루슈의 1966년 고전 로맨틱 드라마.
끌림과 죄책감, 그리고 기억의 교차가 분명하게 드러나는 수작으로 아누크 에메와 장루이 트랭티냥은 과거의 괴로움을 안은 채 조심스럽게 사랑을 시작하는 연인을 아름답게 연기한다.
주제음악으로 전 세계 시네필(Cinephile)들의 뇌리에 각인된 고전 중의 고전.

하이 눈
High Noon

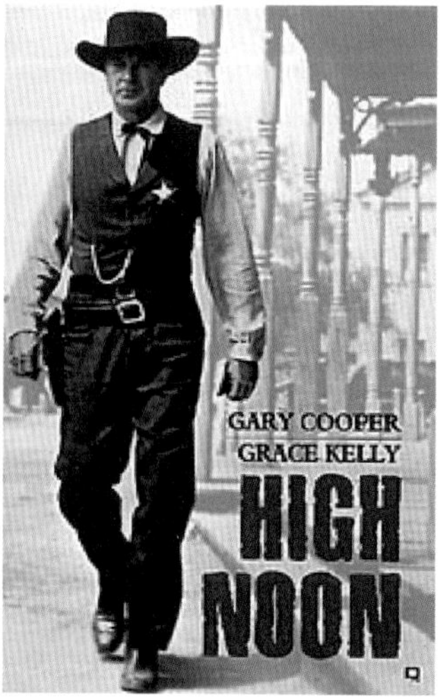

감독 | 프레드 진네만
출연 | 게리 쿠퍼, 그레이스 켈리
개봉 | 1952 미국

미국의 신화. 지금도 꾸준히 상영된답니다.

지금은 평가가 좀 변했지만,
미국의 "정의는 이런 것이다"를 보여주는 대표작.

- 줄거리 -

1870년 서부의 작은 마을 헤이드리빌의 어느 일요일 아침, 세 명의 무법자들이 마을 역에서 서성거리며 시계를 본다. 이들의 보스 프랭크 밀러(이안 맥도날드)가 탄 기차가 12시 정오에 도착하는 것을 기다리고 있는 것이다.

공교롭게 이날은 헤이들리빌 마을의 보안관 윌 케인(게리 쿠퍼)은 이제 5년 임기의 보안관직을 은퇴하여 아름다운 신부 에이미(그레이스 켈리)와 결혼식을 올리고 마을을 떠나려 하는 날인데, 바로 5년 전 그에게 체포되어 투옥된 밀러가 복수를 하러 오고 있는 중인 것.

이미 보안관직을 사임한 윌에게 더 이상의 책임은 없지만, 그는 밀러가 마을에 큰 피해를 줄 것을 알기에 고뇌에 빠지는데….

벤허
Ben-Hur

감독 | 윌리엄 와일러
출연 | 찰톤 헤스톤, 잭 호킨스, 하야 하라릿, 스티븐 보이드
개봉 | 1959 미국

마차 경주의 활극을, 어느 누가 다시 만들 수 있을까?

중학생 때 대한극장에서 70mm로 보고요. 당시 대한극장 옆은 아무 건물도 없는 황량한 6·25사변 후였던 걸로 기억해요.

이 영화의 새로운 판이 나왔다는데, 예전의 감흥을 간직하려, 새 영화는 안 봤어요. 마차 경주의 긴박감은 영화 사상 최고.

- 줄거리 -
서기 26년, 로마 제국시대 유다 벤허(찰톤 헤스톤)는 예루살렘의 제일가는 유태 귀족이다. 어느 날, 로마의 지배하에 있던 이스라엘에 새로운 총독이 부임해 오고, 그를 보좌하는 주둔 사령관으로 벤허의 옛 친구인 멧살라(스티븐 보이드)가 임명된다.

그러나, 어린 시절과는 달리 로마와 이스라엘이라는 적대적인 상황에 의해 둘 사이의 우정에 금이 가게 되고, 신임 총독의 부임 축하 행진 중 벤허의 여동생 티자(캐시 오도넬)의 실수로 총독이 부상을 당하는 사건이 발생한다.

멧살라는 유다의 계획적인 범행으로 몰아 벤허 가족을 잡아들이고, 벤허는 모든 것을 잃은 채 노예로 팔려가게 되는데….

길

La Strada

감독 | 페데리코 펠리니
출연 | 안소니 퀸, 줄리에타 마시나,
리차드 베이스하트
개봉 | 1954 이탈리아

음악이 비교 불가. 흑백의 화면은 영화 사상 다시 보기 어렵고요.

이 영화 두세 번 보았지만, 언제 보았는지는 기억이 안 나요.

하류 인생의 이야기를 승화하여, 가슴에 아련함을 남기는 불후의 명작.
이탈리아가 왜 영화 강국인지를 알려주는 영화.

한 위대한 감독이 한 시대 한 나라의 수준을 높입니다.

- 줄거리 -

천사같이 마음씨가 곱지만 어딘지 좀 모자라는 순박한 소녀 젤소미나(줄리에타 마시나)는 짐승 같은 곡예사 잠파노(안소니 퀸)에게 팔려가 그의 조수가 된다. 잠파노는 가슴을 칭칭 묶은 쇠사슬을 끊는 묘기를 보이고 젤소미나는 북을 치고 춤을 춘다.

그러던 어느 날 잠파노가 옛날 친구인 곡예사 나자레노와 싸우다가 그만 그를 죽이게 된다. 이 광경을 목격한 젤소미나가 정신이 이상해져 잠파노의 흥행에 도움을 주지 못하게 되자 잠파노는 잠든 젤소미나를 버리고 도망친다. 얼마 후 젤소미나는 병들어 죽고, 그 사실을 알게 된 잠파노는 참회의 눈물을 흘린다.

콰이강의 다리
The Bridge On The River Kwai

감독 | 데이빗 린
출연 | 윌리엄 홀든, 잭 호킨스, 알렉 기네스
개봉 | 1957 영국, 미국

나에게 이렇게 살라고 가르쳐준 영화.

참 감명 깊게 보고,
후일 내가 장교로 군대 생활을 하게 만든 영화

- 줄거리 -
2차 대전 중 타이의 밀림 속에서 영국군 공병대가 일본군 포로 수용소에 잡혀온다. 일본군은 이들을 이용하여 콰이강에 다리를 건설할 계획을 세운다. 그러나 일본군 수용소장 사이토 대령(세슈 하야카와)과 영국군 공병 대장 니콜슨 중령(알렉 기네스)은 투철한 군인 정신과 진실한 인간성의 갈등으로 마찰을 빚는다.

니콜슨 중령은 영웅적인 지도력으로 일본군 수용소장을 심리적으로 누르고 콰이강의 다리 공사를 독단으로 해낸다. 마침내 콰이강의 다리 건설은 급진전되고 영국군 유격대는 폭파작전을 감행한다. 다리 개통식 날 첫 기차가 통과하는 장면을 여유있게 바라보는 그의 모습은 다리와 연결된 도화선을 보고 경악으로 바뀐다. 그는 자기가 이룬 것을 지키기 위해 너무도 쉽게 무너진다. 영웅적인 군인으로서의 명예는 너무도 인간적인 약점으로 인해 한 순간에 다리와 함께 날아가고 만다.

유관순

Yu Gwan-Sun

감독 | 윤봉춘
출연 | 도금봉, 한은진, 복혜숙, 이해룡
개봉 | 1959 한국

지금도 유관순 열사가 꿈에 석굴암을 보는 장면이 기억나고요.

내 기억에 처음 돈암동 동보극장에서 본 영화라 기록을 위해 만점.
기록을 보니 유관순 열사 영화 많이 만들었어요.

- 줄거리 -

민족의 봉화(烽火) 유관순(柳寬順)의 아릿다운 청춘을 조국 광복에 바쳐버린 정의와 애국에 빛나는 일대 스펙타클 거편(巨篇)! 한국영화 사상 전무후무의 호화배역.

유관순은 1919년 3월 1일 독립만세운동 당시 16세의 어린 나이에 독립만세 대열의 선봉에서 일제에 항거하다 일경에 검거되어 투옥된다. 감옥에서도 갖은 고문을 받으면서도 끝내 굴하지 않았고 재판을 거부하는 등의 항일 투쟁을 계속해 나갔다. 그러나 어린 여자의 몸으로 버틸 수 있는 한계에 다다른 그녀의 생은 일제의 손에 이끌려 형장의 이슬로 사라진다.

9점 영화

관람일	제 목	개봉일
2019. 5. 4	삼손과 데릴라 - 메트오페라 · Samson et Dalila	2018
3. 9	아이다 · Aida	2019
2018. 12. 9	토스카 · Tosca	2018
9. 26	보디가드 · The Bodyguard	1992
6. 7	디트로이트 · Detroit	2017
5. 10	보리 vs 매켄로 · Borg/McEnroe	2017
3. 15	쓰리 빌보드 · Three Billboards Outside Ebbing, Missouri	2017
2017. 10. 31	빅토리아 & 압둘 · Victoria & Abdul	2017
10. 25	루터 · Luther	2003
6. 13	매치 포인트 · Match Point	2005
4. 17	로즈 · The Secret Scripture	2017
4. 9	패트리어트 데이 · Patriots Day	2016
3. 28	히든 피겨스 · Hidden Figures	2016
3. 27	밤의 해변에서 혼자 · On the Beach at Night Alone	2016
3. 4	사일런스 · Silence	2016
2. 11	스노든 · Snowden	2016
1. 28	돈 지오반니 · Don Giovanni	2016
1. 17	빌리 엘리어트 · Billy Elliot	2000
1. 12	얼라이드 · Allied	2017
2016. 12. 1	햄릿 · Hamlet	2015
12. 1	잉글리쉬 페이션트 · The English Patient	1996
11. 28	붉은 수수밭 · Red Sorghum	1987
8. 12	일본패망 하루 전 · Japan's Longest Day	2015
7. 27	이레셔널 맨 · Irrational Man	2015
7. 16	투란도트 · Turandot	2015
5. 7	탄호이저 · Tannhauser	2015
3. 16	카발레리아 루스티카나 & 팔리아치 · Cavalleria Rusticana & Pagliacci	2015
2. 25	스포트라이트 · Spotlight	2015
1. 30	일 트로바토레 · Il Troavatore	2015
1. 27	빅쇼트 · The Big Short	2015

관람일	제 목	개봉일
2015. 12. 6	멕베스 · Macbeth	2015
12. 5	하트 오브 더 씨 · In the Heart of the Sea	2015
8. 31	워 호스-공연 · War Horse	2014
7. 9	위대한 카루소 · The Great Caruso	1951
4. 26	카르멘 · Carmen	2014
4. 1	인터멧조 · Intermezzo: A Love Story	1939
3. 13	이다 · Ida	2013
3. 6	나이트 크롤러 · Nightcrawler	2014
2. 25	그레이의 50가지 그림자 · Fifty Shades of Grey	2015
2. 16	포스트맨은 벨을 두 번 울린다 · The Postman Always Rings Twice	1946
2. 13	오마르 · Omar	2013
2. 11	존 윅 · John Wick	2014
1. 7	언브로큰 · Unbroken	2014
2014. 12. 23	라보엠 · La Boheme	2008
11. 7	반 고흐: 위대한 유산 · The Van Gogh Legacy	2013
10. 8	코지 판 투테 · Cosi Fan Tutte	2014
10. 17	지미스 홀 · Jimmy's Hall	2014
10. 17	지골로 인 뉴욕 · Fading Gigolo	2013
10. 1	풀 메탈 자켓 · Full Metal Jacket	1987
8. 31	코리올라누스 · Coriolanus	2014
8. 31	리어 왕 · King Lear	2014
8. 13	라보엠 · La Boheme	2014
6. 8	리스본행 야간열차 · Night Train to Lisbon	2013
6. 25	야나카의 황혼빛 - 谷中暮色 · Deep In The Valley	2009
6. 21	와즈다 · Wadjda	2012
6. 15	돈 카를로 · Don Carlo	2013
4. 28	오뎃사 파일 · The Odessa File	1974
3. 29	토스카 · Tosca	2014
3. 2	노예 12년 · 12 Years a Slave	2013
3. 1	미하엘 콜하스의 선택 · Michael Kohlhaas	2013

관람일	제 목	개봉일
2.9	굿모닝 맨하탄 · English Vinglish	2012
2.1	인사이드 르윈 · Inside Llewyn Davis	2013
2013. 12.5	황야의 7인 · The Magnificent Seven	1960
10.3	25시 · The 25th Hour	1967
9.18	마리아 스투아르다 · Maria Stuarda	2013
9.12	스미스 워싱톤에 가다 · Mr. Smith Goes To Washington	1966
6.6	전송가 · Battle Hymn	1957
6.26	참호 · The Trench	1999
6.12	엘비라 마디간 · Elvira Madigan	1967
3.28	섀도우 댄서 · Shadow Dancer	2012
3.26	킹덤 · The Kingdom	2007
1.8	아무르 · Amour	2012
1.8	마진 콜: 24시간, 조작된 진실 · Margin Call	2011
1.8	라 트라비아타 · La Traviata	2012
2012. 12.2	워 호스 · War Horse	2011
11.18	카르멘 - 빈 2010	2012
5.9	아르마딜로 · Armadillo	2010
5.6	그녀가 떠날 때 · When We Leave	2010
2011. 12.19	오페라의 유령-25주년 특별공연 · The Phantom of the Opera	2011
9.5	샤넬과 스트라빈스키 · Coco Chanel & Igor Stravinsky	2009
5.23	인사이드 잡 · Inside Job	2010
3.28	킹스 스피치 · The King's Speech	2010
2010. 12.9	더 콘서트 · The Concert	2009
11.22	소셜 네트워크 · The Social Network	2010
10.18	대부 2 · The Godfather Part II	1974
6.8	유령 작가 · The Ghost Writer	2010
4.26	허트 로커 · The Hurt Locker	2008
4.1	그린 존 · Green Zone	2010
2.22	밀크 · Milk	2008
1.1	나인 · Nine	2009

관람일	제 목	개봉일
2009. 10. 26	알제리 전투 · The Battle Of Algiers	1966
10. 2	페임 · Fame	2009
6. 14	도박사 봅 · Bob The Gambler , Bob Le Flambeur	1955
5. 29	윌로 씨의 휴가 · Mr. Hulot's Holiday	1953
3. 21	그랜 토리노 · Gran Torino	2008
3. 8	프로스트 vs 닉슨 · Frost vs Nixon	2008
2. 11	선라이즈 · Sunrise: A Song of Two Humans	1927
1. 25	체인질링 · Changeling	2008
2008. 9. 6	금지된 사랑 · Say Anything	1989
8. 9	리피피 · Du Rififi Chez Les Hommes, Rififi	1955
7. 26	황야의 무법자 · A Fistful Of Dollars	1989
3. 3	4개월, 3주… 그리고 2일 · 4 Months, 3 Weeks & 2 Days	2007
2. 21	어톤먼트 · Atonement	2007
1. 23	택시 드라이버 · Taxi Driver	1976
1. 3	아메리칸 갱스터 · American Gangster	2007
2007. 12. 30	칼라스 포에버 · Callas Forever	2002
12. 25	바다의 침묵 · Le Silence De La Mer	1947
12. 11	마이클 클레이튼 · Michael Clayton	2007
10. 3	즐거운 인생 · Happy Life	2007
7. 6	더티 해리 · Dirty Harry	1972
7. 26	마이 페어 레이디 · My Fair Lady	1964
6. 20	가까이서 본 기차 · Closely Watched Trains	1966
4. 26	마태복음 · The Gospel According To St. Matthew	1964
4. 24	굿 셰퍼드 · The Good Shepherd	2006
3. 19	훌라 걸즈 · Hula Girls	2006
3. 19	파리, 텍사스 · Paris, Texas	1987
2. 22	드림걸즈 · Dreamgirls	2006
2. 20	더 퀸 · The Queen	2006
2. 6	그림자 군단 · Army In The Shadows	1969
2006. 12. 21	암흑가의 두 사람 · Two Men In Town	1973

관람일	제 목	개봉일
11.8	소피 숄의 마지막 날들 · Sophie Scholl - The Final Days	2005
11.27	이브의 모든 것 · All About Eve	1950
11.27	세 부인 · A Letter To Three Wives	1949
9.18	호텔 르완다 · Hotel Rwanda	2004
8.9	석양의 무법자 · For A Few Dollars More	1965
4.18	천국을 향하여 · Paradise Now	2005
3.30	시리아나 · Syriana	2005
3.26	이창(裏窓) · Rear Window	1954
3.1	왕의 남자 · King and the Clown	2005
2.22	마담 드... · Madame De...	1953
1.24	세브린느 · Belle De Jour	1967
2005.12.30	부초 이야기 - 浮草物語 · A Story Of Floating Weeds	1934
12.28	할복 - 切腹 · Harakiri	1962
11.18	로드 오브 워 · Lord Of War	2005
11.11	노스페라투 · Nosferatu	1922
11.10	마지막 웃음 · The Last Laugh	1924
5.18	쉐르부르의 우산 · The Umbrellas Of Cherbourg	1964
3.8	레이 · Ray	2004
2.20	에비에이터 · The Aviator	2004
2004.8.11	역마차 · Stagecoach	1939
8.9	나의 계곡은 푸르렀다 · How Green Was My Valley	1941
8.6	밀고자 · The Informer	1935
7.19	가을 소나타 · Autumn Sonata	1978
6.21	블러디 선데이 · Bloody Sunday	2002
6.1	도쿄 이야기 - 東京物語 · Tokyo Story	1953
4.20	마다다요 · Madadayo	1993
4.17	란 - 亂 · Ran	1985
4.17	들개 - 野良犬 · Stray Dog	1949
2003.4.9	북북서로 진로를 돌려라 · North By Northwest	1959
4.8	오명 · Notorious	1946

관람일	제 목	개봉일
1. 18	피아니스트 · The Pianist	2002
2002. 3. 30	뷰티풀 마인드 · A Beautiful Mind	2001
2000. 11. 5	글루미 선데이 · Gloomy Sunday	1999
9. 11	U-571	2000
6. 11	글래디에이터 · Gladiator	2000
1998. 12. 20	가케무샤 - 影武者 · Shadow Warrior	1980
10. 4	라이언 일병 구하기 · Saving Private Ryan	1998
1991년	늑대와 춤을 · Dances With Wolves	1990
1987년	아웃 오브 아프리카 · Out of Africa	1985
1986년	폭력 탈옥 · Cool Hand Luke	1967
1985년경	아마데우스 · Amadeus	1985
1980년	크레이머 대 크레이머 · Kramer vs. Kramer	1980
1964년	나바론 요새 · The Guns Of Navarone	1961
미상	로미오와 줄리엣 · Romeo And Juliet	1978

색 인